PERDER
PARA
ENCONTRAR

Dados Internacionais de Catalogação na Publicação (CIP)
(Câmara Brasileira do Livro, SP, Brasil)

Freeman, Laurence
  Perder para encontrar: a experiência transformadora da meditação / Laurence Freeman; tradução de Alexandre de Andrade Silva. 3ª ed. – Petrópolis, RJ: Vozes, 2022.
  Título original: The Selfless Self.
  ISBN 978-65-5713-514-3
  1. Espiritualidade 2. Meditação – Cristianismo 3. Vida espiritual I. Título. II. Série.

08-08689   CDD-248.34

Índices para catálogo sistemático:
1. Meditação: Espiritualidade: Cristianismo
248.34

LAURENCE FREEMAN

PERDER PARA ENCONTRAR

A EXPERIÊNCIA TRANSFORMADORA DA MEDITAÇÃO

Tradução de
Alexandre de Andrade Silva

EDITORA
VOZES

Petrópolis

Tradução realizada a partir do original em inglês intitulado: *The Selfless Self*

Direitos de publicação em língua portuguesa – Brasil:
2008, 2022, Editora Vozes Ltda.
Rua Frei Luís, 100
25689-900 Petrópolis, RJ
www.vozes.com.br
Brasil

Diagramação: Sheilandre Desenv. Gráfico
Revisão gráfica: Nilton Braz da Rocha
Capa: Rafael Nicolaevsky

ISBN 978-65-5713-514-3 (Brasil)
ISBN 978-81-8531-1983-5 (Reino Unido)

Este livro foi composto e impresso pela Editora Vozes Ltda.

Sumário

Como meditar

Sente-se. Fique silencioso e com a coluna ereta. Feche os olhos levemente. Sente-se relaxado, porém alerta. Silenciosamente, interiormente, comece a dizer uma única palavra. Recomendamos a palavra-oração "Maranatha". Recite-a como quatro sílabas de igual duração. Ouça-a enquanto a diz, gentil e continuamente. Não pense ou imagine algo: seja espiritual ou não. Caso venham imagens ou pensamentos, são distrações durante a meditação, assim, volte simplesmente a dizer a palavra. Medite cada manhã e cada noite por cerca de vinte ou trinta minutos.

A Comunidade Mundial para a Meditação Cristã

Meditação cria comunidade. Desde que o primeiro Centro de Meditação Cristã foi criado por John Main em 1975, uma crescente e estável comunidade de cristãos meditantes se espalhou pelo mundo. Meditantes individuais começaram a encontrar-se com frequência em pequenos grupos semanais, e a rede desses grupos providencia amplo suporte e apoio àqueles que desejam continuar sua prática diária de meditação matutina e vespertina.

Os grupos reúnem-se em casas particulares, escolas paroquiais, penitenciárias, escritórios, comunidades religiosas e em departamentos do governo. Iniciando com um curto ensinamento sobre meditação, muitas vezes tirado da coleção de conferências da comunidade, dadas por John Main, o grupo então medita, juntos, em silêncio, por meia hora. Após a conferência, há um tempo para discussão. Os grupos são ecumênicos por natureza e praticam uma hospitalidade aberta a todos, acolhendo quem quer que venha numa busca sincera do silêncio.

Um crescente número de centros de meditação cristã, alguns em casas particulares de meditantes, também servem ao propósito de comunicar o caminho do silêncio ensinado nesta tradição. Os centros ajudam a coordenar os grupos locais e semanais e organizam retiros regulares, seminários e outros eventos de meditação.

O Centro Internacional em Londres coordena esta comunidade mundial de meditantes. Um boletim quadrimestral, com reflexão e orientação espiritual, é enviado de Londres e distribuído a partir de um número de centros nacionais, juntamente com notícias locais e internacionais sobre retiros e outros eventos que vêm acontecendo na comunidade mundial. Um *John Main Seminar* (Seminário John Main) anual tem acontecido na Europa e na América do Norte em anos alternados.

Este centro é inteiramente mantido por doações, especialmente através do programa *Friends of the International Centre* – Amigos do Centro Internacional.

The World Community for Christian Meditation
International Centre
St. Mark's, Myddleton Square
Londres EC1R 1XX - Inglaterra
Tel.: +44 0207 278 2070
Email: mail@wccm.org

Visite *The World Community for Christian Meditation* websites, as homepages da Comunidade Mundial para a Meditação Cristã, para informações, leituras semanais para os grupos de meditação, estudos e comentários:

http://www.wccm.org
Website Internacional da Meditação Cristã

http://www.mediomedia.com
Online Bookstore (livraria) da Meditação Cristã

http://www.wccm.com.br
Website da Meditação Cristã no Brasil

http://wccmbr.blogspot.com
Blog da Meditação Cristã no Brasil

http://www.thespiritualsolution.com
Meditação Cristã para os Jovens

http://christianmeditationforpriests.blogspot.com
Meditação Cristã para o Clero

Introdução

Neste livro falo sobre silêncio: uma atividade de natureza contraditória. Na realidade um empreendimento absurdo, a menos que as palavras apontem para uma experiência de silêncio e nos encorajem a entrarmos no silêncio por nós mesmos ao invés de somente pensá-lo ou falar sobre ele.

A ênfase na prioridade da experiência encontra-se no coração do ensinamento de John Main e na crescente influência deste ensinamento no mundo desde sua morte em 1982. Somente poucos anos antes, em 1977, John Main tinha fundado o Mosteiro Beneditino de Montreal, uma comunidade de monges e leigos centrados na prática da meditação na tradição cristã e comprometidos em compartilhá-la com cristãos, com pessoas de outras tradições religiosas e com pessoas sem tradição religiosa.

Uma característica essencial desta comunidade era o encontro de grupos de meditação que vinham ao mosteiro certas noites para uma palestra sobre o assunto e depois meditavam juntos. Aquela prática continuou, e os capítulos deste livro são tirados das palestras ministradas àqueles que vinham ao mosteiro depois do seu dia de trabalho. Logo depois de cada palestra, entrávamos juntos na experiência da meditação. As palavras apontam para o silêncio.

Hoje muitas pessoas têm fome e sede de silêncio, de interioridade, de oração que, a seu modo, é algo tão urgente quanto as necessidades materiais das nações em desenvolvimento. De fato, a menos que a saúde espiritual dos mais prósperos seja restabelecida pela experiência espiritual, serão incapazes de sentir a verdadeira compaixão através da qual brota o amor pela paz e pela justiça. Hoje as pessoas precisam de uma forma de retornar a esta saúde, um caminho que deve ser novo e antigo, ao mesmo tempo: um caminho tradicional que vá ao encontro das pessoas onde quer que elas estejam.

A redescoberta de John Main, o desenvolvimento da tradição cristã da meditação e o seu *insight* sobre a simplicidade e a pobreza do mantra mostraram tal caminho a um grande número de pessoas. É um caminho que não exclui outros caminhos, mas pode unificar a infinita variedade dos caminhos humanos de ser no Espírito. Sentar-se no silêncio e na quietude, repetir o mantra em fé simples durante todo o período de meditação cada manhã e cada noite: esta é uma disciplina e um caminho para a liberdade. Não se trata de uma panaceia. É um caminho para viver o mistério da vida, seus sofrimentos e alegrias, na fé e no poder da fé que cura e eleva o ser humano para o amor de Deus e do próximo. É prático. É absolutamente simples. Une gerações, raças e credos.

A mensagem destas palestras é simples: escolha um lugar calmo cada manhã e cada noite para recolher-se das atividades da vida. Sente-se tranquilo e simplesmente seja. Não siga os seus pensamentos, mas "concentre-se no Reino antes de qualquer outra coisa". A repetição fiel de uma palavra sagrada na sua tradição, durante estes períodos de quietude, o levará ao silêncio. Uma palavra cristã ideal, que John Main sempre recomendava, é *Maranatha*, pronunciada vagarosamente e de maneira ritmada. *Ma – ra – na – tha*. Trata-se de uma antiga oração cristã, em aramaico, que significa "Vem, Senhor".

Na profundidade da oração recitada, logo chegamos à experiência da real natureza do silêncio. Não se trata de uma mera ausência de ondas de som. É a simples e despretensiosa natureza das coisas e das pessoas como elas são em si mesmas. A natureza é silenciosa porque não pretende ser outra coisa do que é, nem mesmo está tentando se comunicar. Um penhasco, uma árvore, o mar são intraduzíveis. Sendo o que se é, estabelece-se a comunhão e, assim, chegamos à contemplação da natureza que nos leva a reverenciá-la, aceitá-la e respeitá-la como criada por Deus. Em silêncio, sendo nós mesmos no momento presente, movemo-nos da contemplação da natureza para a contemplação de Deus e chegamos a uma harmonia com Deus, com a humanidade e com a natureza.

Quando somos simplesmente nós mesmos, somos silenciosos. A meditação é o caminho do silêncio porque nos leva aceitar e reverenciar nossa natureza essencial. Não estamos simulando, fingindo ou comunicando. Quando chegamos a este silêncio, descobrimos que compartilhamos a natureza humana com cada pessoa no planeta.

Nosso mundo, nossas cidades, nossos locais de educação, de debate, de cura, de administração e produção precisam de silêncio, não para escapar da realidade dos nossos problemas, mas para encontrar a realidade comum da natureza humana e a comunhão com o que ela reflete e busca cultuar.

Esta é a mensagem da religião antes de perder contato com o silêncio e com a experiência contemplativa. Quando as religiões tornam-se propaganda para si mesmas, a humanidade perde sua principal esperança de paz que é inseparável da unidade.

A tradição que John Main reviveu está sendo vivida hoje por mulheres e homens pelo mundo afora. As pessoas que escutaram suas palavras vieram de um amplo espectro da vida moderna e urbana. Sabiam que faltava em suas vidas a experiência integradora da oração. Com tal experiência restabelecida em nossa vida diária, podemos todos ficar abertos ao poder da compaixão que dela flui quando caminhamos pelas avenidas mais movimentadas ou lutamos por um pouco de ar no metrô mais barulhento.

Este livro é também sobre a experiência de unidade: a unidade de todos os homens e mulheres na sua natureza humana essencial independente de raça, credo ou posição social; e a unidade de todas as religiões em crer – embora muitos indivíduos não compartilhem de tal convicção – que há uma última e benevolente verdade, habitando conosco e além de nós, e que o amor e a compaixão são seus sinais tanto quanto o caminho para encontrá-la.

A fé cristã deste livro está consequentemente colocada aos pés de todas as outras religiões, à sua disposição. Cristianismo é mais si mesmo quando busca o último lugar no banquete das religiões mundiais ao invés do papel principal. O Reino do Senhor Jesus não é deste mundo; o centro é Deus e não o homem. Cristo é servo paciente da unidade e faz-se a si mesmo um com todos.

Seja onde há verdade, a Palavra de Deus está presente, porque a palavra é a única manifestação de Deus. Se Cristo não está em toda verdade e toda verdade não está em Cristo, então a fé cristã é um sonho ao invés de ser a oração que responde a si mesma: "que eles todos sejam um".

A meditação realiza a esperança da unidade através do silêncio e pela transformação da natureza humana. Mas é o trabalho do Espírito na experiência humana que o completa e assim nenhuma técnica ou método pode acionar a chave da divinização ou aclamar supremacia sobre outros. Aqui temos um caminho de meditação que é antigo, talvez tão antigo quanto a consciência religiosa do homem, que transpõe Oriente e Ocidente e que tem relevância particular para as pessoas do nosso mundo complexo e volátil. O mantra leva ao silêncio. No silêncio todos os caminhos se juntam para se tornarem *o* caminho, e no poder transcendente do Espírito encontramos a verdadeira natureza de cada um de nós.

Laurence Freeman, OSB
Centro de Meditação Cristã
Londres, novembro de 1998

CAPÍTULO I

Experiência, conhecimento e amor

É natural empregarmos a imagem de uma caminhada ou peregrinação quando pensamos sobre meditação ou sobre toda uma vida. É uma imagem muito apropriada, porque uma reflexão sobre a experiência revela uma constante mudança e muitas vezes um crescimento inesperado em algo que em si continua o mesmo. O caminho é uma constante, mas dentro dele há uma mudança contínua.

O caminho real é a criação da pessoa que somos. E a pessoa que estamos nos tornando é única, mas também em união com todas as outras. Aqui está o mistério da criação – que tudo dentro da criação é ao mesmo tempo único e unido. Nenhum de nós nunca será ou poderá ser repetível. Nossa unicidade é um aspecto de nossa semelhança com Deus e esta é uma razão por que sempre devemos reverenciar uns aos outros e a nós mesmos tão profundamente. Há ainda uma unidade mais extraordinária na unicidade entre cada um de nós e a família humana, e entre a humanidade e toda a criação. Toda essa unicidade infinita está de alguma forma ordenada, centrada e cheia de propósito. Quanto mais vivemos nosso caminho e descobrimos a nós mesmos, tanto mais permitimos que a vida se realize em nós, mais claramente contemplamos a unidade fundamental do grande desígnio do todo da criação.

Alguém poderia – com o objetivo de compreender melhor – identificar três estágios do despertar ao longo desta jornada. Se estes são estágios de crescimento humano ou se são partes da estrutura de qualquer evento particular ou período da vida, não é o que realmente importa. No início do caminho, parece que a coisa mais importante para nós seja *experimentar*. Precisamos experimentar o máximo possível e vamos explorando em busca de experiência, esfomeados dela, ansiosos por ela. A princípio não é tão importante o que experimentamos, uma vez que sintamos que o conteúdo da consciência esteja maior. O *sentido* virá mais tarde. O que importa agora é que juntemos todo o material. Neste estágio, é primeiramente a dimensão material ou sensorial da consciência que está sendo despertada e usada para despertar o próximo estágio. Não é *mau*, mas é incompleto. O grande problema que enfrentamos neste estágio é como podemos experimentar o bastante. Como podemos fazer um pacote de tudo? Uma vez que nos conscientizamos de que não somos oniscientes e de que não podemos fazer tudo dentro dos limites do potencial humano, acumular parece então ser o caminho errado. Percebemos que nossas esperanças por plenitude estão fadadas ao fracasso neste nível e, em reação, ansiedade e depressão (uma característica deste estágio de adolescência) tomam lugar.

Gradualmente e à penosa custa de nossas ilusões e desejos, que outra dimensão da consciência começa a despontar. Começamos a ver as coisas de uma perspectiva de desapego, e o foco da atenção começa a mudar de experiência bruta para *conhecimento* integrado. Começamos a viver mais na mente, a descobrir seu incrível poder e riqueza. Parece surpreendentemente como um melhor instrumento para controlar a realidade com maior habilidade e sutileza. Assim começamos tentando adquirir todas as informações que podemos, acumulando trivialidades; então procuramos as ideias principais. Procuramos quais seriam as ideias-chave que serviriam para qualquer fechadura, que abririam todas as portas da compreensão, da verdade. Com o advento da consciência mútua no relacionamento, estamos mais atentos à natureza da realidade, mas ainda estamos suscetíveis a uma luxúria por ideias, o desejo de possuir o que amamos.

Aos poucos, a consciência mostra que o escopo do conhecimento mental é infinito. É tão infinito como um círculo ou como os reflexos de dois espelhos, um diante do outro. Mas a infinitude da mente não é eternidade, mas somente uma imagem da realidade. No encontro de nossa própria natureza como imagem, tocamos a borda do manto da transcendência. Poderíamos, se pudéssemos escolher, ficar nesse nível de consciência mental por toda uma vida, sempre descobrindo novos reflexos e conexões, novos pontos por onde começar o círculo até notar que essa dimensão não nos satisfaz. Se assim escolhemos, ainda que sabendo da imperfeição dessa dimensão da consciência, haverá o perigo de nos tornarmos cínicos e negadores da verdade absoluta. Se sabemos disso e não vamos adiante, quase certamente nos tornamos cínicos. Conhecendo as limitações da vida mental, para nós o problema é saber para onde podemos ir daqui? O que podemos *fazer*?

Se não nos tornamos cínicos, o perigo estaria em nos afastarmos da apaixonada busca da verdade como um todo. Perdemos a esperança. Nós nos comprometemos. Dizemos: "Bem, a vida é sofrimento. Vamos resistir e esperar para que alguma coisa aconteça". No máximo, é um romance. Desistimos de ser peregrinos na realidade. Permitimo-nos ser levados, não pelo espírito da verdade, mas pela multidão e pelas convenções sociais.

Por isso, o descobrir de um caminho espiritual é um momento tal da graça, seja em qual estágio da vida possa vir a acontecer. Para muitos é somente neste ponto de quietude que reconhecem o caminho espiritual ao seu lado. O exato caminho no qual reconhecemos o espiritual como o cume do sensorial e mental, parece ser o caminho que devemos seguir. A porta a que chegamos neste caminho espiritual é aquela que havíamos buscado todo o tempo; o ponto no qual estamos hesitantes há muito tempo. Seja lá como aconteça o encontro com uma viva tradição espiritual, aí sempre fica o momento decisivo. Fica na consciência como um momento eterno na história pessoal, não somente como um evento entre outros, mas um ponto central, seja onde tenha ocorrido, seja no início ou no fim. Torna-se o ponto essencial em torno do qual todos os outros eventos gradualmente orbitam. Pela graça do Espírito, trabalhando dentro da crua experiência e do seu questionamento, é que encontramos o caminho espiritual. Temos o senso de que enfim há um começo real. E de fato é um novo começo.

Começamos a descobrir aquela outra dimensão da consciência, o espírito, que é genuinamente infinito. Não é meramente sem fim por causa do reflexo de si mesmo todo o tempo. É autenticamente eterno porque é a dimensão de Deus. Nunca há tédio, depressão ou cinismo quando estamos centrados nesta dimensão dinâmica. Ao contrário, começamos a descobrir não somente as verdadeiras relações entre o mundo dos sentidos e o mundo da mente, mas o universo do coração, o mundo espiritual onde experiência e conhecimento estão juntos. Aqui, conhecer algo é experimentá-lo e experimentá-lo é conhecê-lo com absoluta verdade – *Amor*.

Aqui também enfrentamos o desafio que não é a finitude do que não tem fim ou a tristeza do que é finito, mas uma oportunidade, logo percebida como um convite à plenitude da experiência e ao completo entendimento. O desafio não é tentar experimentar tudo ou conhecer tudo. É amar tudo. É um grande dilema humano, até que estejamos firmemente enraizados no coração, o conhecimento e a experiência estejam integrados, e sejamos finalmente unificados. É o dilema da tensão, até mesmo vez por outra o conflito violento, entre o geral e o particular, entre mim e o mundo, entre mim e as outras pessoas. Até que estejamos enraizados no movimento da peregrinação, até que tenhamos realmente chegado à porta na qual se inicia a nossa jornada espiritual, então o universal sempre parecerá ameaçador, e o particular responderá como se estivesse para ser inundado e devastado. Mas, uma vez que tenhamos dado o passo decisivo através do limiar do instinto de sobrevivência – este é o trabalho da fé expresso no compromisso e na perseverança diária para com o caminho espiritual –, então o universal e o particular não serão sentidos como uma ameaça ou tensão, mas estarão unidos num relacionamento de amor.

Quando vemos somente o universal, entramos na abstração. Estranhamo-nos em nossa própria normalidade e na normalidade do mundo. O mundo da particularidade, dos eventos diários normais, nossa flutuante vida emocional e relacionamentos do dia a dia parecem ser demais, muito irritantes e distraídos. Parecem estar "atrapalhando". Quando vemos somente o particular, tornamo-nos duros. Perdidos na multiplicidade, falhamos ao enxergar o padrão e o propósito que dá sentido. Precisamos enxergar ambos, não separadamente, mas na visão unificadora dos "olhos saudáveis" de que Jesus fala – com os olhos do coração, saudáveis e unificados. Todo o propósito da meditação é abrir estes olhos, é o trazer da mente e da experiência que ela trabalha para o coração, para que se tornem um. O caminho é o simples caminho do compromisso. Nós nos comprometemos com algo tão simples como o mantra, que é o grande unificador, o único caminho, o grande harmonizador. Comprometermo-nos com o mantra significa com-prometermo-nos com a disciplina da fé e a amar esta disciplina de forma abnegada. Comprometermo-nos com o mantra, no incalculável dom da fé que recebemos, nos levará a uma visão de Jesus mais iluminada e a uma maior união com Ele.

Somente podemos ver Jesus ressuscitado com a visão da fé que pertence aos olhos do coração. Somente podemos ver Jesus quando o amamos. Ele nos vê, a todos e a cada um de nós, somente porque Ele nos ama. A grande esperança que temos nesta jornada, que já nos trouxe até aqui e nos levará por todo o caminho, é que seu amor está unificando nossa mente e nosso coração. Coloca juntos o conhecimento e a experiência. O sinal de que esta mudança está acontecendo na pessoa que somos é que, gradualmente, passo a passo, estamos aprendendo a amar, a amar cada particular com o amor universal de Deus.

> *Quem quer que me ama prestará atenção no que eu digo. Então meu Pai o amará e virá até ele e habitará nele. Mas aquele que não me ama, não presta atenção no que eu digo. E a palavra que ouvistes não é minha. É a palavra do Pai que me enviou. Eu vos disse tudo isso enquanto estou convosco, mas o paráclito, o Espírito Santo, que o Pai enviará em meu nome, vos ensinará todas as coisas. Se vós me amais obedecereis meus mandamentos (Jo 14,15-23).*

Quando Jesus nos interpela a amá-lo, Ele nos convida a vê-lo. Nós o vemos com aquele poder de visão que é o poder do amor e que Ele nos dá através do Espírito Santo. O grande mistério desta jornada é que o começo, o meio e o fim são todos conhecidos por Deus porque todos eles estão unificados no seu amor.

CAPÍTULO II

O sol

Se você viu que não conseguiu fazer hoje o que tinha planejado, não se preocupe. Talvez seja porque tenha sido o dia mais curto do ano. Até mesmo para nós urbanos, o dia mais curto do ano nos faz pensar sobre o sol e seu símbolo onipresente no pensamento humano. Talvez seja o símbolo mais antigo através do qual os seres humanos tenham expressado sua consciência de Deus, o símbolo religioso mais universal que o homem concebeu. Um símbolo primário, um arquétipo, pois o sol é uma evidente fonte de vida na terra e sem ele o planeta cessaria de existir abruptamente. É o mais simples e, portanto, um dos mais perfeitos símbolos de Deus.

Quando somos simples, somos humildes, e então sabemos e reconhecemos que não criamos a nós mesmos, pois não somos a fonte do nosso próprio ser. Esta é uma ideia muito óbvia, ao menos para pessoas religiosas, mas nós a esquecemos rapidamente e raramente agimos de acordo com ela. A estrutura da realidade humana é construída sobre o fato ou a revelação de que a nossa origem está além de nós mesmos e, assim, nosso começo é um mistério. A humanidade é um mistério, até para si mesma. E o mistério humano sugere que temos algo em comum com o mistério divino além de nós. Não são somente as outras pessoas, a natureza ou Deus que são misteriosos para nós. Somos um mistério para nós mesmos. Perdemos esta simplicidade muito rapidamente sob certas pressões e, quando isso acontece, também perdemos a humildade de reconhecer o que não podemos compreender. Tornamo-nos orgulhosos na medida em que ficamos sujeitos à ilusão de que não somos um mistério com uma origem transcendente, mas um problema do aqui e agora. Se assim é, deve haver uma fechadura de combinação e, se conseguimos encontrar a combinação exata, abrimos a fechadura e resolvemos o mistério. Em nossos dias, de maneira geral, deixamos de ser espirituais em relação a nós mesmos e nos tornamos rudemente tecnológicos.

O misterioso hoje está normalmente entregue ao ocultismo, ao psíquico ou à superstição da psicoastrologia.

Todos estão condicionados, em uma sociedade não religiosa, a este tipo de orgulho, e é o orgulho que faz o ativista. Ao pensar que resolveremos o problema, veremos que há mais e mais problemas que são gerados pela nossa própria complexidade. Parece natural que resolvamos os problemas agindo mais, fazendo mais, falando ou estudando mais. Complexidade, em termos econômicos ou psicológicos, gera atividade. Podemos facilmente encontrarmo-nos correndo em círculos sem sentido, tentando encontrar sentido. Mas quanto mais suspeitamos da falta de sentido disso, mais temos que correr para poder evitá-lo. Eventualmente o orgulho tem uma queda e então, pela ferida da queda, há uma grande oportunidade de retornar ao bom-senso. Provavelmente depois da queda comecemos a meditar ou, ao menos, comecemos seriamente a ouvir o ensinamento de uma tradição que nos conecte, sem interrupção, à fonte da consciência na qual a humanidade é simples, humilde e verdadeira. Entrar pela jornada da meditação é encontrar um caminho que está em contato direto com o despertar da consciência humana. Mas isto não é um voltar atrás. Temos que seguir adiante depois da queda. Não há sentido em voltar ao lugar anterior à queda. Assim, começar a meditar significa aprender com os seus erros.

A meditação é um caminho em direção a uma simplicidade maior e mais madura, não uma regressão ao infantilismo ou à segurança da pré-consciência. Também leva a uma humildade que nos conduz ao verdadeiro autoconhecimento e autoaceitação e, assim, ao conhecimento transformador de Deus. Na meditação não estamos agindo, falando ou fazendo qualquer coisa acontecer, não estamos resolvendo problemas de identidade, não estamos tentando resolver os pequenos ou grandes problemas da vida. Temos muitas outras oportunidades durante o dia para resolver problemas ou ideologias. Não seria muito inteligente perder o precioso tempo da meditação pensando sobre nós mesmos ou dissecando somente nossos problemas mais familiares.

Ao invés de fazer, estamos sendo. E por ser, o caminho é encontrado no mistério. Assim, durante o tempo da meditação, preparamo-nos para deixar todo pensamento de lado. Não é um tempo para pensarmos. Não estamos pensando sobre hoje, ontem ou amanhã. Não estamos pensando sobre nós mesmos, o que provavelmente seja o que estamos fazendo neste momento. A meditação nem mesmo é um tempo para pensarmos sobre Deus. Deixamos todos os pensamentos de lado, pois o pensamento é uma atividade da mente. Há múltiplas formas de atividade mental e nenhuma delas está eximida: pensamento sobre o que deveríamos fazer ou sobre o que gostaríamos de fazer. Mandamos cartões para todo mundo? Devo levar o carro para ser lavado? Será que consegui um peru grande o suficiente? Até mesmo as distrações que poderíamos achar mais edificantes, mais religiosas e abstratas, ideias especulativas sobre Deus, sobre o Espírito, sobre minha alma, sobre o que o Natal significa espiritualmente. Todos os pensamentos devem ser deixados de lado porque a mente está aprendendo a ficar silenciosa – a não fazer. Isto não significa que a mente vai dormir. Por ser tão cerebral, parece que, se não estamos pensando, estamos simplesmente nos desligando para dormir, quando a atividade mental fica automática, sonho ao invés de pensamento. O que fica quando a mente não está nem pensando e nem sonhando? A questão nos intriga porque nos esquecemos de outro estado da consciência, chamada oração.

Quando meditamos não estamos "fazendo" nada com o corpo. Movimento é uma atividade do corpo. Na meditação, o corpo, como a mente, está quieto. Assim, durante a meditação, tente sentar-se tão quieto quanto puder. A quietude do corpo e da mente nos leva à unidade e isto é o início da jornada em direção à união. Precisamos de algum jeito que nos ajude a chegar àquela quietude, pois a mente em particular é tão ativa, tão inquieta. O mantra nos é dado para nos ajudar, uma única palavra sagrada para ser repetida de modo contínuo na mente, no coração, para ressoar, ser ouvida e recitada do início ao fim de cada meditação.

Para seguir este caminho, é necessário estruturar a sua vida, diariamente, de manhã e à noite, em dois períodos de meia hora de meditação. Os melhores períodos são o início da manhã antes das atividades do dia e o início da noite, de preferência depois das atividades do dia. A jornada diária do sol, aparentemente se movimentando, mas realmente tranquilo, estrutura o tempo humano da oração. No nascer e pôr do sol estruturamos, nas duas colunas da oração, o arco dos nossos dias. Estas duas experiências de ser que sustentam a atividade do dia são os tempos de interioridade que transformam as vidas que os obedecem.

Tudo é energia e toda energia é dinâmica, parte do processo cósmico de transformação. A energia da humanidade está sendo convertida na energia de Deus e não há nada que não esteja mudando. O ser humano está tecido na unidade dos diferentes fios ou filamentos de energia – física, mental e espiritual –, e estamos numa constante corrente de energia. Mas toda energia tem uma fonte comum – o fundamento do ser, não um ser, mas o Ser em si mesmo, Deus. Na imagem de Deus somos energia consciente, e a consciência faz a diferença vital entre nós e as outras formas de energia criadas, embora retenhamos as outras formas ainda tecidas em nós. Somos orgânicos, animais, somos espírito. Para que serve toda esta energia? O que a meditação faz?

Uma vez vi um filme de uma planta de energia solar num imenso deserto. Por mais longe que pudéssemos ver, havia milhares e milhares de painéis de energia solar muito polidos colocados ali estáticos e tediosos. Em um momento, alguém, em algum lugar, lançou um galho e todos estes painéis se moveram levemente – talvez somente uns poucos centímetros, mas de repente todos eles estavam virados na direção do sol. Cada um deles refletia inteiramente o sol e o resultado coletivo foi ofuscante.

A meditação é simplesmente voltar-se na direção do sol, da fonte, na direção de Deus. Não se trata de algo passivo, pois não somos voltados, nós nos voltamos; escolhemos nos voltar. O mantra é como uma alavanca que aciona a consciência do centro, para dentro e para fora simultaneamente, para que possamos refletir inteiramente a luz da fonte que está ao mesmo tempo dentro de nós e à nossa volta. Girando completamente, um dia, seremos inteiramente iluminados, inteiramente energizados. É difícil acreditar nisso, pois é difícil crer que a meditação seja uma atividade com tal poder. É muito mais do que somente relaxamento! Os ocidentais compreendem energia somente em termos de ação ou pensamento, mas estamos começando a redescobrir a consciência da contemplação, da oração, como a mais pura forma de energia em ação, pois envolve o ser em si mesmo. Como bons tecnocratas, perguntamo-nos quanto isso vai durar e como as coisas poderão ser diferentes. A duração depende inteiramente de nós. Depende de quão rapidamente nos viramos na direção do sol (o quanto livremente nos comprometemos com a simplicidade do mantra). A duração depende também de quantas vezes voltamos para trás. Também depende, num certo sentido, do tipo de entusiasmo ou nível de energia que temos no início, do tipo de pessoa que somos e do tipo de queda que tivemos antes de termos começado a nos voltar.

Uma grande segurança é que, por mais demorado que seja, este é o caminho e é certo que acontecerá. Todo nosso potencial, os nossos níveis pessoais de energia estarão focalizados na unidade do único ponto que é o puro Espírito. O que acontecerá é que seremos energia inteiramente convertida, inteiramente nós mesmos, totalmente vivos no amor, a energia todo-criativa. O processo da criação estará completo. Disto, Jesus é o grande sinal. O ser humano divinizado; é nele que vemos a luz de Deus focada inteiramente em um único ser humano, como se sua natureza humana fosse a lente que captasse toda a luz do sol em um único, pequeno, mas intenso ponto de luz. Vemos sua natureza humana voltando-se para a luz, que é a sua fonte, durante toda a sua vida, mas inteiramente na morte, ressurreição e ascensão do seu corpo. Porque Ele é inteiramente humano, Ele é nossa iluminação. Seu nascimento é o início de nossa divinização porque toda a natureza humana é unificada na sua única natureza humana. Somos também parte do seu corpo que põe em foco a luz divina e explode em energia de amor sem fim.

A meditação é o simples voltar-se na direção dessa luz, a pura e direta luz de Deus no centro de cada pessoa. O mantra, sua repetição simples e fiel durante todo o tempo da meditação, nos move e nos mantém focados na direção dessa luz.

> *Esta é a mensagem que ouvimos dele e vos anunciamos: Deus é Luz e nele não há treva alguma... A luz verdadeira já brilha... [Cristo fez disso uma verdade, e é verdade pela vossa própria experiência]. O que ouvimos, vimos com os nossos olhos, o que contemplamos, e o que nossas mãos apalparam... O que nós seremos ainda não se manifestou. Sabemos que, por ocasião desta manifestação, seremos semelhantes a Ele, porque o veremos tal como Ele é* (1Jo 1,1.5; 2,8; 3,2).

CAPÍTULO III

Sabedoria para todos

Uma das grandes tensões da mente ocidental nos últimos duzentos ou trezentos anos tem sido a perceptível oposição entre ciência e religião. Em nossos dias, há o início da percepção de algo que estas partes complementares da mente têm em comum e que, portanto, as transcende. Isto é sabedoria, não vista meramente como um sábio conselho ou senso comum, mas como a visão de unidade em todos os aspectos da realidade. O método científico sempre estará em oposição ao instinto religioso e uma confusão dos dois logra em vulgaridade, não sabedoria. Mas para o cristão este debate é elevado a um nível mais alto na personificação da sabedoria na pessoa que une todas as coisas no céu e na terra, todas as coisas da ciência e da religião.

Estive em uma livraria recentemente explorando toda a seção dedicada às antigas formas de sabedoria e adivinhações. Havia inúmeros livros e coleções de tudo que foi uma vez misteriosamente esotérico: o I-Ching, o Tarô, Runas, os hieróglifos egípcios. Era um supermercado atraente de sabedoria antiga ao alcance das mãos, editadas com instruções de fácil compreensão para quem quer que queira usá-las. Olhando para elas, as palavras de São Paulo aos Colossenses me vieram à mente:

Ele nos arrancou do poder das trevas e nos transportou para o Reino do seu Filho amado, no qual temos a redenção – a remissão dos pecados. Ele é a imagem do Deus invisível, o Primogênito de toda criatura, porque nele foram criadas todas as coisas, nos céus e na terra, as visíveis e as invisíveis: tronos, soberanias, principados, autoridades, tudo foi criado por Ele e para Ele (Cl 1,13-16).

Seria fácil considerar a seção naquela livraria como comercialismo da Nova Era, ou sentir-se superior a ela porque manifesta tão abertamente uma fome espiritual e uma ausência de raízes religiosas. Como a maioria de nós não conhece essas sabedorias antigas como um todo, é mais fácil esboçar um sorriso amarelo diante das tolices dos pacotes de sabedoria e da ingenuidade que sustentam tal esoterismo popular.

Mas se tomamos seriamente as palavras de São Paulo sobre Jesus, então seríamos capazes de fazer mais que bruscamente desconsiderar, como que numa posição superior, o que representam todas aquelas formas pré-cristãs de sabedoria. Elas revelam algo de nossa sociedade, sobre a personalidade coletiva do tempo em que vivemos: que somos pessoas em busca de sabedoria e de um caminho espiritual. Pode ser trivializado e explorado por agentes comerciais, transformando tudo em manias e moda, mas a busca é genuína. Não podemos criar uma novidade a menos que haja um início de interesse. Aquelas estantes também nos dizem algo do fracasso do cristianismo.

Praticamente os únicos livros cristãos à venda eram a Bíblia e um livro ilustrativo de uma série de TV sobre Jesus. Poderíamos esperar isso, uma vez que a maioria das pessoas somente compra bíblias para bebês ou para presentear em formaturas, e o Jesus televisivo é menos exigente do que o Jesus do Evangelho. No entanto isso tudo me fez pensar no que realmente aconteceu nos últimos 2000 anos. Diz algo sobre o fracasso das igrejas, com todas as suas solenes e atormentadas divisões, em responder à mais profunda ânsia do ser humano por sabedoria, pela verdade, por conhecimento espiritual. Mas não é somente uma falha dos cristãos modernos. Podemos estar bastante ineptos para viver o Evangelho. Podemos acreditar nele de maneira insuficiente. Podemos ser incapazes de viver os ensinamentos de Jesus sem contradizê-lo, legalizando-o. Soamos dogmáticos ou piedosos quando tentamos comunicá-lo aos nossos contemporâneos. Ainda é o fracasso que tem caracterizado o cristianismo de cada período. Santo Agostinho e Santo Ambrósio estavam sempre denunciando as práticas pagãs que eram continuadas pelos novos convertidos. Na Igreja primitiva era dito aos cristãos novos para deixarem seus ritos e práticas ancestrais e estes respondiam que não conseguiam. O Deus do cristianismo é bom para o mundo que está por vir, eles diziam: "Mas temos que ficar com os deuses deste mundo até que cheguemos ao próximo".

Esta é uma atitude na qual estamos todos envolvidos. Todos nós mantemos os deuses deste mundo – só por precaução. As antigas formas de sabedoria, tais como aquelas à venda naquela livraria, têm também sua contrapartida moderna. É importante que sejamos capazes de ver quais são as nossas modernas formas não cristãs de esoterismo. Nossa fascinação e preocupação com a psique, nossa preocupação com a autocompreensão e autodesenvolvimento são formas contemporâneas de conhecimento esotérico. Precisamos da mediação de especialistas, herdeiros e sucessores de druidas e xamãs de fala macia, para decifrar a nova linguagem simbólica que descobrimos no universo interior da mente. Psicologia e terapia são formas e poderes nos quais depositamos fé e esperança sobrenaturais e nos quais esperamos encontrar sabedoria, verdade e conselho infalíveis. E, num certo sentido, de fato podemos encontrar. Não significa que esses poderes esotéricopopulares, antigos ou modernos, não deem acesso à sabedoria ou detenham poderes reais. Mas é que, para nós, todos eles estão sujeitos a Cristo. Todas as formas de sabedoria estão subordinadas à Sabedoria em si mesma. Elas são caminhos para que vejamos sabedoria, mas em Cristo nós *experienciamos* a sabedoria.

A sede de conhecimento é profunda em nós. Se nós a buscamos, seremos levados àquela profundidade em que encontramos Deus. Queremos saber como somos, queremos saber quem somos, queremos saber o que vai acontecer amanhã. Bernard Lonergan disse que a fome de conhecimento é a necessidade humana mais profunda. Mas qual é o conhecimento que estamos buscando e do qual temos tanta fome? É somente conhecimento sobre alguma coisa? Ou é o conhecimento em si mesmo? Queremos saber sobre a sabedoria ou queremos conhecer a sabedoria? Cristo, como a sabedoria personificada, mostra que o conhecimento é pessoal e sabedoria não é uma ideia. Não é conceitual, não é um conhecimento "escondido". Trata-se do conhecimento do Deus pessoal. Aqui estamos mais próximos do sentido bíblico da palavra "conhecimento" do que do sentido moderno e computadorizado de "conhecimento" como "informação". O sentido espiritual, bíblico, de conhecimento é fundamentalmente sinônimo de "amor". O que a humanidade de Cristo ensina não é uma outra maneira de sabedoria, mas a sabedoria em si mesma. Não é adivinhação, mas divinização. Somos surpreendidos por este ensinamento porque ele responde a nossa profunda necessidade por amor. Mas também nos ensina que essa necessidade é mais profunda que qualquer insegurança que antigas formas de sabedoria procuravam aliviar.

Não se vê por aí muitas manjedouras no Natal nesses últimos tempos. Nas lojas de departamento da Quinta Avenida ou da Oxford Street, as vitrines de Natal são significamente compostas de mitologias pré-cristãs – gnomos, fadas e elfos. O cristianismo está claramente perturbado no mercado, talvez mais por estar associado à rejeição do prazer do que com a celebração da Encarnação. Porém, quando encontramos uma manjedoura, encontramos também os magos, os homens sábios do Oriente que tiveram sonhos, profecias e seguiram a estrela. Seus métodos os levaram à criança recém-nascida na manjedoura. Podemos ver a sabedoria humana de joelhos em adoração diante da divindade humanizada numa criança. Esses três homens sábios representam as antigas formas de sabedoria, os maiores e mais maduros *insights* próprios da humanidade. Ajoelhando-se diante de Cristo, eles simbolizam o ápice de todo método na humildade da adoração. Pois os magos eram ao mesmo tempo cientistas e feiticeiros. Eles empregavam o método científico e religioso sem oposição, assim eles poderiam cair naturalmente com os dois joelhos diante da realidade que unia e transcendia todo método. A vida da criança que eles adoraram revelava que sabedoria é amor. Este é o ensinamento de Jesus, esotérico somente para aqueles que se apegam ao método, que dobram somente um joelho.

"Amai-vos uns aos outros." Para aqueles que ainda seguem os antigos caminhos de sabedoria, este não é um ensinamento mau. Mas para eles parece uma forma mais baixa de sabedoria, um tipo de sabedoria que pessoas comuns seguiriam. Mas "as coisas mais profundas, as coisas maiores", os reais segredos, estão reservados para uma elite. Felizes – e seguros – são aqueles que acreditam que o amor é a mais alta, mais profunda e mais pura sabedoria.

É sabedoria revelada no símbolo supremo de uma criança recém-nascida, vulnerável, impotente, dependente. A antiga sabedoria procurava, e ainda procura, a mais brilhante, mais forte e mais poderosa espécime da humanidade. Reverencia o respeitável, o mais útil, a pessoa influente com quem gostamos de ser vistos, que possui algo a nos dar ou nos ensinar. A antiga sabedoria rejeita ou, na melhor das hipóteses, ignora as outras. Mas a sabedoria cristã prefere buscar os rejeitados, os piores espécimens da humanidade, os fracassados, os não amados, os sem-teto, aqueles para os quais não há lugares nas hospedarias, os que têm sede, os doentes e os nus. Não temos que viajar longe para encontrá-los. Eles já estão aqui na nossa vida. Para encontrá-los não precisamos fazer outra coisa que vê-los, nós mesmos, tanto quanto Cristo neles e admitir que há situações nas quais nós mesmos estamos doentes, com fome e desabrigados.

Para os cristãos, a meditação não é um caminho para o conhecimento esotérico. É um caminho para um amor maior. Não é um caminho de especulação, mas de prática. O que estamos praticando é um trabalho humilde, simples, de criança. O mantra abre os olhos da sabedoria naqueles que o praticam na fé, porque abre o centro mais profundo para liberar o poder de Cristo. O amor que nos capacita a amarmo-nos uns aos outros, a paixão de Cristo é o amor de Deus que ama, não com interesse próprio, mas com uma generosidade impulsiva. Amando, chegamos ao único conhecimento que conta e este é o conhecimento de que Deus é amor.

> *No entanto, é realmente de sabedoria que falamos entre os perfeitos, sabedoria que não é deste mundo nem dos príncipes deste mundo, voltados à destruição. Ensinamos a sabedoria de Deus, misteriosa e oculta, que Deus, antes dos séculos, de antemão destinou para a nossa glória* (1Cor 2,6-7).

CAPÍTULO IV

O bom e o feliz

A distância que existe entre o que pensamos e o que fazemos e sentimos pode ser considerável. Para todos, com exceção da criança ou do santo, talvez tal distância exista. No máximo, temos a sensação deste vácuo como falta de autenticidade, hipocrisia ou evidência de que os seres humanos não são capazes do absoluto. O que muitas vezes chamamos de bom-senso é o que lida melhor com isto, e as questões que nos atormentam nas discussões mais teóricas são minimizadas pelos problemas familiares, pelas políticas da sala de estar ou pelas esperanças e ansiedades de amor. Verdade e prazer formam um belo casamento no céu, mas na terra é uma briga sem fim.

Apesar disso, para todos nós, há uma abstração muito importante e prática no relacionamento entre bondade e felicidade. Podemos ser bons e felizes? Podemos ser felizes se não somos bons? Platão disse que o homem bom seria capaz de fazer o que quisesse ainda que nunca se afastasse da verdade. Este é o objetivo de toda vida que seria totalmente humana e viva. Mas como consegui-lo? Suponho que a maioria das pessoas tenha a tendência de ver felicidade e religião como estando, se não exatamente opostas, muito longe de serem boas amigas. Por causa da associação entre religião e repressão ou controle, a maioria das pessoas, até mesmo as pessoas religiosas, tem um respeito sadio pelo profano.

É conveniente para nós, então, compartimentar nosso interior religioso e espiritual em níveis organizados diante do *self* profano que olha para a disciplina religiosa como um controle conformista de liberdade. A religião nos impede de fazer o que queremos ou de ser o que queremos ser. A religião aponta para o caminho verdadeiro e para o ideal. Embora esta contradição possa ser inconsciente, trata-se de uma postura que muitas vezes resiste à ação integradora da meditação. Nosso *self* dividido faz com que a meditação seja difícil, pois sentimos em uma parte de nós mesmos que, na meditação, estamos buscando a bondade à custa da felicidade. Talvez isto seja a razão por que toda a noção de transcendência seja difícil de aceitar. É difícil reconciliar necessidades e desejos, o espírito e a carne, interioridade e exterioridade. Mas a meditação é o caminho da reconciliação e unidade, pois é o que existe de mais simples. É o caminho mais natural de transformar a vida diária em um caminho espiritual.

Os grandes santos e pensadores religiosos, num dado ponto, mudaram a postura que forçava o confronto entre felicidade e bondade. Viam o caminho espiritual como um caminho para a beatitude, uma palavra que pode ser traduzida como felicidade ou bem-aventurança. Verdadeira felicidade para eles não é o resultado de restrição ou repressão, mas o fruto de satisfação e liberdade. No Sermão da Montanha, a palavra *makarios* combina "abençoado" e "feliz". Como muitos dos dizeres de Jesus, as bem-aventuranças são expressões de paradoxo, harmonizando o que percebemos ser mutuamente repelente num nível de consciência não espiritual. Felicidade e pobreza. Poder e fraqueza. Sucesso e fracasso.

A meditação é simplesmente o caminho em que nós, que não somos grandes santos ou pensadores, também podemos romper com as pressões daquelas falsas dualidades e assim chegarmos à descoberta do que é a felicidade. Com esse progresso vem a compreensão experiencial que nos auxilia a vermos o que Platão quis dizer com o bom e o feliz estarem em harmonia, pois o bom homem ou mulher intuitivamente segue a luz do próprio coração. Não há objetivo mais importante do que encontrar um caminho para crescer nessa completude. É bom pensar ou sonhar sobre isso, mas podemos ficar imaginando tudo pelo resto da vida. Temos que encontrar um meio de fazê-lo, um jeito de irromper a rede das falsas posturas e liberar a luz da verdadeira felicidade em nossos corações. Não há de ser fácil, pois aquelas posturas estão profundamente enraizadas. Mas a meditação é o caminho mais simples para isso. É tão simples quanto praticar a única e simples disciplina exigida. Nós a praticamos em curtos períodos de quietude e silêncio diários: momentos de oração que preenchem a vida com o poder da transcendência.

A transformação da dualidade em unidade é sentida em cada nível da experiência: psicológico, mental e físico. Mas o ponto a partir do qual este processo de unidade se origina não é susceptível de análise. Assim, na meditação em si, seja tudo, não espere nada. Não se preocupe com nada, exceto em dizer o mantra. Não se preocupe com nada que deveria acontecer ou poderia acontecer. A melhor maneira de experienciar a meditação é convencer a mente de que *nada* vai acontecer e que, se algo acontecer, ignore-o e continue a dizer o mantra.

É a simplicidade desta pobreza de espírito – não aquisição espiritual – que a torna tão certa. Se fosse complexa, sempre haveria algo com o que argumentar ou do que suspeitar, mas é irredutivelmente simples. À medida que progredimos na meditação, tornamo-nos mais simples. Chegamos a compreender que é a simplicidade que a torna um caminho seguro. E quanto mais avançamos no caminho, mais simples e mais certo ele se torna. Mas porque se torna mais claro e mais certo, não significa que não seremos tentados em temperar a sua pureza, em reduzir nosso próprio compromisso. Certamente que exige mais, não menos fé. Quando começamos a meditar é melhor compreendermos sem demora que é a simplicidade o poder que vamos encontrar.

Isto é difícil de captar porque iniciamos como seres complexos, treinados a respeitar a complexidade e a enxergar o progresso como complicação. Facilmente confundimos simplicidade com ingenuidade.

Mas a experiência e relacionamentos diários nos ensinam a verdade de que quanto mais simples somos, melhores e mais felizes ficamos. Quando nos tornamos complexos, tornamo-nos frágeis, confusos e começamos a nos perder no caminho. Entretanto, simplicidade requer trabalho; não é fácil obtê-la ou retê-la. É o grande esforço daquele ser ascendente ao qual Platão também se refere. O esforço em tornar-se bom está unido a todo trabalho de ser feliz. Se a simplicidade exige trabalho, se a meditação é um desafio, é porque no estado de simplicidade todos os opostos que emergem dos conflitos dentro de nós mesmos são resolvidos.

Outra postura importante a cultivar no início, quando alguém começa a meditar, é a paciência. É curioso o quão impacientes nós somos em relação à meditação, buscando resultados imediatos, iluminação instantânea, uma visão apressada. Somos bastante preparados para sermos pacientes no treinamento para uma profissão; três, cinco, sete anos parecem razoáveis para serem aceitos como treinamento para uma qualificação. As pessoas estão ainda mais preparadas para a paciência quando começam uma dieta ou uma nova série de exercícios. A psicanálise está estruturada sobre a premissa da perseverança. Assim, temos que aprender até mesmo uma paciência e perseverança mais profundas para meditar. Mas o que chegamos a compreender é que, num sentido real, a meditação é, em si mesma, um *ser paciente*; é estar presente. Não se trata de se antecipar e planejar o amanhã. Também não é um voltar atrás para fazer um *post mortem* sobre o passado. Não é apropriar-se de qualquer experiência, espiritualidade, psicológica ou fisicamente. Não se trata de possuir algo. É muito mais sobre desapego do que sobre aquisição. E isto, curiosamente, é precisamente o porquê da meditação ser o caminho para a verdadeira felicidade.

A infelicidade começa no momento em que entramos no nosso complexo e inato estado de desejo, quando estabelecemos uma divisão entre o que somos e o que queremos. Se somos infelizes por sermos infelizes a maior parte do tempo, é porque consumimos tanto tempo preocupados com o que queremos, maquinando nossos desejos ou – e isto é realmente uma variação inversa do desejo – lamentando o que poderíamos fazer ou foi perdido, sofrendo pelos nossos erros. A grande ilusão que leva os seres humanos à infelicidade dos seus próprios desejos é a fantasia de que eles serão automaticamente felizes tão logo consigam o que querem. Tal suposição (assim que alguém a desafia, tem-se a noção do quão enraizada está), de que a felicidade está em conseguir o que se quer, é o que desaprendemos na meditação e do que a meditação nos liberta. Em nossa sociedade esta suposição está tão marcada em nós que dificilmente a notamos ou até mesmo somos capazes de questioná-la. Esta crença é tão comum que tranquilamente nos consideramos consumistas numa sociedade consumista. A sobrevivência parece depender de ter o que queremos, e desejar algo é adquirir o direito de possuí-lo. Aqui temos o estado de cegueira espiritual, o estado de um egoísmo irrefreável, no qual, pensando que sabemos o que estamos fazendo, estamos de fato caminhando pela vida de olhos fechados. Preparados para sacrificarmos tudo o que nos foi dado de mais sagrado para que tenhamos o que queremos, ou tendo sido induzidos e seduzidos pelo desejo, perdemos o tesouro real do nosso próprio espírito e, com isso, a verdadeira felicidade do coração. Sacrificamos perpetuamente a felicidade pelo desejo no *samsara* do consumismo e da insaciável sede de aventura. Não há fim no vaguear nesta escuridão porque o desejo é circular. Embora muitas vezes possamos saber que construímos sobre o chão inconstante de uma ilusão, ela toma nova forma quando a maré do desejo retorna e cometemos os mesmos erros infelizes novamente. O cristianismo enfatiza tradicionalmente este padrão em relação à sexualidade, em que está certamente presente. Mas a sexualidade tem sido altamente enfatizada, e os perigos do desejo em outras atividades humanas precisam ser reconhecidos mais urgentemente.

Há um caminho. É tão simples e direto que podemos inacreditavelmente passar por ele sem notá-lo. A meditação nos permite deixar aquele círculo de egoísmo, desprendendo-nos dele, pouco a pouco; abandonar o egocentrismo produzido pela ilusão de que seríamos felizes se pudéssemos ter tudo o que quiséssemos. A meditação nos ajuda a desaprender os padrões de comportamento fundamentados nessa ilusão e, assim, a meditação muda radicalmente a nossa vida. Mudaremos o nosso modo de vida em consequência da meditação porque ela mudará o jeito de nos relacionarmos com nós mesmos, com os outros e com o nosso trabalho. Ela introduzirá um novo espírito de amor em nossa vida. As ilusões somente são desaprendidas, permanentemente, pela experiência da verdade na forma de paradoxo. Experimentamos a verdade no paradoxo em que o caminho da liberdade e da felicidade é o caminho da simplicidade e da disciplina. Este é o caminho da meditação, o caminho do mantra.

Mas para entrar neste revitalizante paradoxo, precisamos aprender a ficar atentos, não distraídos. Todo desejo, toda busca egocêntrica de felicidade é tecnicamente uma distração, e a meditação explica isto para nós, não como uma filosofia ou imperativo moral, mas como experiência. A experiência da verdade encontrada no centro do *self* humano. É a verdade que nos libertará do egoísmo, a verdade que é a felicidade, a verdade que Jesus transformou em amor dentro de nós pelo seu espírito.

Este espírito nos ensina que não devemos buscar a felicidade como objetivo, pois isto seria egocêntrico e portanto irreal, pois Deus é o centro, e não nós mesmos. Deus é o objetivo, a verdade é Deus e o que devemos buscar é a verdade. A meditação nos torna mais verdadeiros. Jesus chamou este objetivo de reino. Ele nos disse que o reino é interior, não um objeto de desejo, mas um poder paciente na sua realização. Ele nos mostra que se conformarmos a nossa mente neste objetivo sem distração, então uma satisfação inimaginável virá a nós com uma felicidade maior do que poderíamos desejar. O caminho para além das distrações e do desejo é o caminho do mantra, conformando nossa mente simples e claramente no reino.

> *Por isso eu vos digo: não vos preocupeis com a vossa vida quanto ao que haveis de comer, nem com o vosso corpo quanto ao que haveis de vestir. Não é a vida mais que o alimento e o corpo mais que a roupa? Observai os lírios do campo, como crescem, não trabalham nem fiam. E, no entanto, eu vos asseguro que nem Salomão, em toda sua glória, se vestiu como um deles... Buscai em primeiro lugar o Reino de Deus e a sua justiça e todas as coisas vos serão acrescentadas (Mt 6,25.28-29.33).*

CAPÍTULO V

Permanecendo livres

Há uma história do período do terror stalinista relatada por Solzenitsyn sobre um encontro político numa pequena cidade russa. Um insignificante oficial do partido veio dar uma conferência na célula local. Foi uma conferência realmente tediosa de superficialidades e tolices; sentaram-se para ouvi-la com faces inexpressivas e, ao término, todos rigidamente se levantaram e começaram a aplaudir. O aplauso continuou sem que alguém ousasse a ser o primeiro a interromper porque daria mostras de falta de entusiasmo ou ortodoxia. Assim o frio aplauso continuou por uns bons dez minutos até que o secretário do partido local decidiu ser corajoso, sendo o primeiro a interrompê-lo e sentando-se em seguida. Como seria previsível, ele desapareceu na semana seguinte.

É uma história ao mesmo tempo absurda e assustadora. Revela como facilmente podemos perder a liberdade, e aquele encontro testifica o pesadelo do medo que segue à perda da liberdade. A experiência no coração da meditação confronta este pesadelo normalmente reprimido em nós, e nos desperta para a verdadeira liberdade. Quando você começa a meditar e percebe, depois de algum tempo, o tipo de disciplina que está sendo exigida de você, é muito natural perguntar: "O que a meditação realmente vai fazer por mim? Aqui estou tentando meditar todos os dias, tentando ser fiel aos dois períodos de meditação, de manhã e à noite, e depois?" A novidade desaparece depois de um tempo. Você percebe que não vai conseguir a iluminação nas primeiras duas semanas. Mais tarde percebe que algo mais profundo está acontecendo, algo mais profundo está sendo despertado. Mas o que a meditação está fazendo por mim?

É uma questão difícil de responder, exceto pelo conhecimento pessoal que temos de alguém que tem meditado por algum tempo. Uma coisa que podemos dizer que a meditação fará é que ela nos tornará mais livres. A princípio poderíamos dizer: "Bem, é bom ficarmos livres, mas a meditação me dará o que quero?" Esta é a preocupação mais imediata: "Conseguirei o que quero? Posso ver mais claramente do que nunca todas as coisas que me faltam, todas as coisas que acredito que me fariam mais completo e feliz. Se eu pudesse consegui-las, então eu poderia ser livre e talvez eu pudesse ser bom ou ao menos um pouco melhor". É difícil permitir que a meditação nos ensine que ela nos dará mais do que aquilo que queremos. Ela nos libertará dos medos que todos os desejos criam. Se salientarmos os desejos, imediatamente entramos na esfera dos medos. Tememos o fracasso, tememos a perda, tememos a não realização, tememos o não nos tornarmos o que queremos ser ou o não fazer o que queremos. Somos companheiros no *Gulag* interior do medo, um reino de terror.

Liberdade é a ausência de medo e o verdadeiro uso da liberdade é ser o seu próprio ser. Somente seremos nosso ser se não formos outro ser. Isto é muito óbvio porque, é claro, não podemos ser ninguém mais. Podemos ser somente a pessoa que somos. Mas, embora seja impossível ser outra pessoa, é bem possível agir como se fôssemos outra pessoa. Agimos como outra pessoa por rejeição ou por projeção. Se conhecemos ou sentimos rejeição é muito provável que a tenhamos interiorizado e perdido a fé naquela parte de nós mesmos que foi (ilusória ou realmente) rejeitada. A maior parte das interações humanas envolve a projeção nos outros do que existe ou não em nós. Esta ilusão de que não somos nós mesmos, ou somos outra pessoa, é a raiz da maioria dos erros e talvez de todo sofrimento.

Ser si mesmo é tão simples como soa, mas é mais exigente do que parece. Requer o esforço real de nos afastarmos de nossas projeções de nos libertarmos dos medos que nos aprisionam. Este trabalho de liberdade, de tornar-se livre, normalmente é chamado de "desapego" na linguagem espiritual. Desapego é o sentido positivo da experiência de morte, que sempre chega até nós, de um jeito ou de outro, seja quando a aceitamos voluntariamente, ou resistimos a ela. O desapego sempre libera o gosto da liberdade, o regozijo por ela, ainda que ela venha na forma de perda de algo que é precioso para nós, algo bom. Muitas vezes não vemos a libertação que ela traz porque não queremos liberdade. Vemos somente o que queremos. Queremos o que queremos. Não queremos liberdade. Então reagimos ao desapego, encontrando outra coisa a que nos apegar tão logo quanto possível depois de uma perda. Isto explica a morta e falsa liberdade em que a vida religiosa ou o caminho espiritual pode se tornar após o mais esperançoso e vital início de uma alegre renúncia. Isto explica por que precisamos mais do que uma exposição diante da verdade para que nos tornemos livres.

Se quisermos nos tornar livres, e isto deve ser a única coisa digna de desejo, pois é a única coisa que não pode ser tomada de nós. A liberdade muitas vezes vem às pessoas quando parece que elas são menos livres, mais comprometidas, mais enroladas e envolvidas. Mas precisamos de um caminho de libertação, não somente de uma única libertação, mas um que continue nos libertando e garantindo que não recomecemos a nos apegar novamente tão logo comecemos a temer a vertigem dos picos da liberdade. Por isso precisamos de um caminho, uma prática. Por isso precisamos meditar.

Acima de tudo, para sermos livres, para sermos nós mesmos, precisamos nos desapegar da multidão. A multidão é um animal gerado por medos escondidos. É cheia de agressividade, mantida pelos medos do que não existe dentro dela. Torna-se violenta por causa do medo. A multidão sempre se volta contra a pessoa livre por causa do seu próprio medo da liberdade. O problema de quem é livre, porém, é que isto não significa que devemos afirmar nossa individualidade para permanecermos livres. De fato, multidões são formadas, a princípio, no não ser pelos superegoístas que afirmam sua individualidade a qualquer preço, à custa daqueles que estão a sua volta. Os livres são capazes de serem eles mesmos em comunhão, e não precisam de uma coletividade impessoal para afirmar seu ego invejoso ou inseguro.

Deixar a multidão é sempre o primeiro passo no caminho espiritual. É o primeiro e solitário passo em sermos nós mesmos, e é muito mais um processo interior do que podemos pensar. O que muitas vezes parece ser nós mesmos é meramente uma afirmação do ego tentando ser diferente, tentando ser especial, tentando ficar separado, tentando ser o vencedor. Mas deixar a multidão é um desapego do ego e uma descoberta, não de isolamento, mas de envolvimento e relacionamento com os outros. A multidão real da qual devemos escapar, a prisão real, está dentro de nós mesmos. Não vemos isso com frequência. Muitas vezes, as grades que usamos para os outros, na verdade, estão nos cercando, mantendo os outros fora. Pensamos que a multidão está fora de nós mesmos e assim culpamos algo fora de nós mesmos por qualquer falta de liberdade que sintamos. Mas a multidão que nos priva de liberdade está interiorizada. Então, primeiramente, temos que colocá-la em evidência, ainda que seja desconfortável e desagradável. Conhecermo-nos a nós mesmos não chega a ser um assunto muito agradável, mas temos que ser capazes de enxergar a causa da falta de liberdade, e nós a vemos de um modo muito simples sentando-nos na quietude do corpo e da mente.

Sentando-se quieto por meia hora cada manhã e cada noite, você vai encontrar-se com a multidão. E, encontrando-se com ela, você se libertará dela. A multidão interior é composta de todos os egos divididos que o ego continua a produzir; todas as vozes que clamam competitivamente por reconhecimento, por autoafirmação, por dominação; todas aquelas partes quebradas e feridas do nosso ser; os cacos da nossa experiência; os finais suspensos de histórias inacabadas; os desejos e medos com suas vozes incontroláveis clamando pelo inatingível. A multidão está sempre desesperada porque sente que o que mais deseja não está lá – apesar de que seus desejos só podem ser alcançados quando se tornar inteiro, tornar-se um único *self*. O barulho da multidão em nós é a corrente da distração mental. Quando você medita, experiencia a multidão e a desarmonia do ego dividido na forma de distrações. Não há sequer um de nós que não tenha experienciado um grau de distração durante a meditação. Mas o caminho da meditação não é para ser mapeado por algo tão superficial como as nossas distrações. É para ser lido pela escala da vida em si mesma. Saberemos que somos livres quando estivermos livres para dizer o mantra com toda simplicidade e amor. O caminho para a liberdade da multidão das distrações é dizer o mantra.

O mantra leva à liberdade porque conduz ao si mesmo. Como prossegue seu curso maravilhosamente direto e preciso, o mantra integrará, unirá, harmonizará todos os egos divididos e fará deles um único eu, nosso verdadeiro eu. Jesus disse que a verdade nos liberta. A verdade não é somente uma ideia, e nenhum amontoado de ideias nos fará livres. A verdade é uma experiência de realidade da pessoa por inteiro. A oração é a pura experiência da verdade, e é na oração que adentramos quando meditamos. Nós entramos, na visão cristã, na "Oração de Cristo", em sua experiência, última e completa, da verdade que Deus é verdade. Podemos somente experimentar a verdade de Deus adentrando nela, sendo um com ela na solitude que devemos encontrar abandonando a multidão. Se nosso eu é um com Deus, é por causa de sua união com Cristo. O fato de que isto seja possível para nós é a esperança da realidade que muda a nossa vida, uma vez que a temos visto. Nós a vemos se podemos simplesmente meditar, se podemos simplesmente ser nós mesmos. Não precisamos procurar por ela para que aconteça, pois estará acontecendo dentro de nós, não fora de nós.

> *Interrogado pelos fariseus sobre quando chegaria o Reino de Deus, respondeu-lhes: "A vinda do Reino de Deus não é observável. Não se poderá dizer: 'Ei-lo aqui! Ei-lo ali!' – pois eis que o Reino de Deus está dentro de vós"* (Lc 17,20-21).

CAPÍTULO VI

A alegria de nada querer

Uma coisa que podemos estar certos sobre o futuro é que nós sempre estaremos querendo algo. Seja o que for, seja lá o que consigamos obter, sempre estaremos querendo algo. Os seres humanos estão sempre procurando por algo ou ambicionando algo. É uma característica da natureza humana estar quase sempre ciente de uma ausência, de uma necessidade, ou de algo que esteja faltando. Até mesmo em tempos de grande felicidade e satisfação, aquela consciência de que algo esteja faltando nunca está longe. Todas as grandes tradições religiosas levam em consideração este estado de desejo em que vivemos. Não tentam negá-lo. Aceitam que os seres humanos estão neste estado de desejo e, a maioria delas, vê a conexão entre desejo e outras características humanas tais como ansiedade, sofrimento ou pecado. O caminho de liberação de Buda, por exemplo, ensinou o romper com o sofrimento através da eliminação do desejo. Livre-se do desejo e do ego desejador e não haverá mais sofrimento. Ele ensinou o caminho do desapego cuidadoso. O ensinamento de Jesus não deixa de reconhecer que, quando estamos muito preocupados com as nossas necessidades materiais ou com nosso *status*, ficamos num estado de ansiedade e desarmonia em relação aos outros e a Deus. Sua solução foi simples – não tentar renunciar às nossas necessidades uma por uma, pois isso seria uma tarefa sem fim; mas, ao invés disso, ir à raiz do desejo para transcendê-lo, renunciando a si mesmo. "Buscai, em primeiro lugar, o Reino de Deus e a sua justiça e todas as coisas vos serão acrescentadas" (Mt 6,33).

Não é fácil seguir um ensinamento tão simples e radical, mas, se pudermos realmente nos aproximar da experiência desta verdade, descobriremos a sua possibilidade. Se pudermos tirar a atenção de nossas necessidades, ainda que por um curto período, descobriremos o efeito extraordinário e transformador que uma consciência redirecionada tem em nós, ao continuarmos nossas vidas, administrando emoções e ansiedades de todos os tipos. É precisamente isto que faz a meditação. E faz de modo não dramático. Mas a revolução-conversão que ela opera é o drama da redenção do sofrimento para a alegria. A meditação revela nosso papel nesta história não como algo remoto ou esotérico que somente os grandes sábios ou místicos podem atingir, mas de um jeito tão humano quanto o próprio desejo.

É tão humano transcender o desejo quanto ser controlado por ele. Esta é a razão por que em todas as grandes tradições religiosas encontramos o caminho da meditação. Você poderá encontrá-lo como um caminho que estrutura os períodos vazios de desejo na textura e no ritmo ordinário da vida diária. Estes curtos períodos, em que trabalhamos com o exercício espiritual pura e simplesmente, nos lançam para dentro da experiência de liberdade e de alegria que acompanham a liberdade. Os tempos de meditação são tempos para ser, não para querer. São tempos nos quais tomamos o querer do ser e, como resultado, experimentamos o puro ser e a felicidade de nada ter além do que o ser proporciona. Os dois tempos de meditação diária tornam-se tempos de trabalho espiritual e de poderosa recriação. Como tempos de renovação e refrigério, o efeito daqueles curtos períodos de esvaziamento de desejos percorre pela vida diária. Não estamos simplesmente recarregando as baterias; estamos em contato com uma inexaurível fonte de energia, a energia do ser divino. Quando entramos em contato com ela, então ela flui em cada canto da vida com todo seu ilimitado poder. O contato com o fundamento do ser é a razão de os dois simples e ordinários tempos de meditação terem um efeito transformador em nossas vidas. Como eles são tempos de ser e não de querer, não queira nem mesmo qualquer experiência espiritual. Não queira que algo aconteça. Não queira Deus. Não queira o espírito. Não queira não querer.

A satisfação que flui desta simples experiência de ser é maior do que qualquer outra coisa que possamos querer. A realidade é sempre surpreendente e imprevisível. Por isso é tão importante sermos claros sobre a maneira como meditamos e então, uma vez claros sobre o assunto, o que não é muito difícil por ser bem direto, fiquemos nela. Para meditar, adentre numa nova perspectiva de disciplina espiritual. Dois períodos diários podem parecer um grande compromisso para o começo, mas o quanto antes possa assumir este compromisso, mais brevemente constatará que está num caminho para o qual vinte e quatro horas não parecem desproporcionais! Poderá levar, porém, algum tempo para tornar esta disciplina regular em sua vida. Não importa quanto tempo leve, ela o ensinará a ter paciência e compromisso. Você assume uma disciplina muito simples e imediata de quietude. Não coçar o nariz será um pequeno passo para além do desejo. A quietude do corpo torna-se um caminho para a quietude da mente, na qual o movimento do desejo se resolve em alegria. Não pense sobre o significado do mantra, pois isso seria colocar a mente em maior movimento, e a meditação não é o caminho do pensamento.

Quando começamos a pensar, estamos somente a um passo do querer. Deixe os pensamentos virem; mas deixe que eles se vão embora, fique com o mantra, repetindo-o, ouvindo-o e voltando a ele continuamente. A atenção ao mantra faz com que a mente se desligue de todo querer, de todas as necessidades, de todos os problemas e complexidades que as necessidades criam. É o distanciar-se da nossa consciência do estado de egoísmo. A mente voltará sutilmente às suas necessidades, analisando o que falta, procurando outras coisas por desejar. A mente retornará aos seus planos para o futuro, tentando buscar a solução para as carências mais recentes. Mas o mantra reverte o processo do constante querer quando voltamos a ele. Então a meditação nos ensina, através do mantra, uma grande verdade: que, se estamos sinceramente buscando, nós encontraremos.

A maior parte do tempo não estamos realmente claros sobre o que estamos buscando ou o que desejamos. Somos inconstantes e confusos em relação ao objeto da nossa busca. Parece que sempre há uma necessidade mais profunda do que aquela que acabamos de satisfazer. Temos, é claro, algumas imagens do que queremos, mas, ainda que as obtenhamos, experimentamos somente um alívio temporário da dor do desejo. Tornar-nos-emos buscadores sérios, verdadeiramente espirituais, inteiramente humanos, somente quando tivermos aceitado a verdade de que o que estamos buscando não é esta ou aquela coisa, pessoa ou experiência, mas a completude, a totalidade em si mesma e por si mesma. Não estamos buscando a totalidade porque será um meio de conseguir algo mais que queremos. Buscamos uma totalidade que não há necessidade de querer. Começamos a meditar porque começamos a vislumbrar a verdade de que esta totalidade já está dentro de nós, ao nosso alcance; tirando o fato de que não podemos tomá-la, não podemos possuí-la, mas podemos liberá-la. E a meditação é a liberação desta totalidade já presente dentro de nós. Vislumbramos esta verdade na pobreza, e até mesmo o desejo nos ensina isso se o permitimos. Mas ficamos mais certos de sua presença em nós na medida em que meditamos, dia a dia, numa claridade que cresce do centro para fora e que purifica tudo o que fazemos e somos.

À medida que nos tornamos conscientes dela, ela expande para além da consciência. É liberada e torna-se real. É o dom que não pode ser possuído esperando para ser recebido, totalmente simples e incondicional. Não temos que merecê-lo, não temos mesmo que ser dignos dele. Simplesmente temos que estar preparados para recebê-lo e aceitá-lo. O Evangelho chama esta totalidade de "felicidade" ou "bem-aventurança". A alegria do Espírito Santo caracteriza sua realização e isto acontece no tempo certo, quando estamos prontos. Tudo o que temos que fazer é estarmos alerta e despertos, e assim as condições para experienciar o dom estão lá. O espírito, que é a totalidade dentro de nós, é como um tesouro enterrado. A escavação pode ser difícil, mas, à medida que o fazemos, deparamo-nos com uma fonte de alegria. Pode ser que ela flua por algum tempo e então desapareça; devemos continuar escavando. Devemos continuar a dizer o mantra, não importa o que sintamos. Não julgue a meditação como boa ou má. Se continuarmos a dizer o mantra, certamente bateremos no lençol principal e, quando isso acontecer, ela jorrará sem cessar. A vida como uma fonte é uma imagem que Jesus usou para descrever a interioridade do Reino no qual há tanta alegria, que não deixa espaço para o desejo.

> *Jesus, de pé, disse em alta voz: "Se alguém tem sede, venha a mim e beberá. Aquele que crê em mim, conforme a palavra da Escritura: 'Do seu seio jorrarão rios de água viva'. Ele falava do Espírito que deviam receber aqueles que haviam crido nele"* (Jo 7,37-39).

CAPÍTULO VII

O poder da atenção

John Main, na *Palavra que leva ao silêncio*, uma vez citou um outro monge, o Papa São Gregório Magno. Gregório escreveu sobre a santidade de São Bento como uma descrição do sentido real da interioridade. "Ele habitou consigo mesmo sempre na presença do seu criador, *nunca* permitindo que seus olhos repousassem nas distrações". Dom John Main comenta que esta descrição "nos diz que, do ponto de vista de Gregório, Bento realizou a totalidade e harmonia que tinha dispersado todas as falsas ideias, todas as ilusões sobre si mesmo, ilusões que estão necessariamente fora de nós mesmos". Os Padres do Deserto sempre foram lúcidos e simples na compreensão de que o principal propósito da vida monástica é chegar a uma atenção plena da presença de Deus, a oração contínua. Santo Agostinho, que escreveu não somente para monges, mas para todos os cristãos, disse que todo o propósito da vida e de cada prática cristã é a abertura permanente dos "olhos do coração". A abertura dos olhos espirituais é a maneira de expressar a consciência indiferenciada e intacta, a pura consciência que é o estado da oração incessante. Quando os olhos do coração estão verdadeiramente abertos, eles nunca se movem, nunca mais se fecham.

Aqui está o escopo da vida cristã, pois é para cada um de nós, pessoalmente, o convite que temos o privilégio de receber do chamado de Jesus para sermos seus discípulos. Sempre houve um grande perigo que ainda existe especialmente para nós, hoje, em nossa sociedade exaltada e narcisista, de confundirmos introversão, autofixação, autoanálise, com verdadeira interioridade. A grande prevalência de traumas psicológicos e alienação social aumentam este perigo, e é necessário tato, gentileza e compaixão ao lidarmos com ele. O teste da verdadeira interioridade é mostrado nas palavras de São Gregório: "Ele habitou consigo mesmo sempre na presença do seu criador, *nunca* permitindo que seus olhos repousassem nas distrações". Ser verdadeiramente interior é o completo oposto de ser introvertido. Na real percepção da presença interior, nossa consciência é convertida de tal maneira que não mais olhamos para nós mesmos como tínhamos o costume de fazer, antecipando ou lembrando-nos dos sentimentos, reações, desejos, ideias e fantasias. Estamos nos voltando para outra coisa. E isso é sempre um problema para nós.

Seria mais fácil, pensamos nós, sairmos da introspecção se soubéssemos o rumo que as coisas estão tomando. Se tivéssemos somente um objeto fixo para olhar. Se Deus pudesse ser representado por uma imagem. Mas o verdadeiro Deus nunca poderia ser uma imagem. Imagens de Deus são deuses. Fazer uma imagem de Deus seria simplesmente acabarmos por olhar para uma imagem polida de nós mesmos. Ser verdadeiramente interior, abrir os olhos do coração, significa viver na visão desprovida de imagens que é a fé, que é a visão que permite que "vejamos a Deus". Na fé, a atenção é controlada por um novo espírito, não mais os espíritos do materialismo, da busca de si mesmo, da autopreservação, mas do *ethos* da fé que é não possessivo por natureza. Está sempre aberto e continuamente renunciando as recompensas da renúncia, que são grandes e precisam ser mais necessariamente recusadas. Não há desafio mais crucial do que adentrar na experiência de permanecer centrado no outro. É o extático e contínuo estado de renúncia. Podemos vislumbrá-lo simplesmente por trazer a nossa mente aqueles momentos ou fases da vida em que experimentamos os mais altos níveis de paz, satisfação e alegria, e reconhecemos que aqueles eram os tempos, não quando possuíamos qualquer coisa, mas quando nos perdíamos em alguma coisa ou em alguém. O passaporte para o reino requer o selo da pobreza.

Nossa atenção está voltada para longe dos trabalhos múltiplos da nossa consciência quando está direcionada ao centro criativo que é a presença de Deus. Os tempos da meditação são tão vitais a uma vida santa e saudável, pois são tempos em que nos damos, sem reservas, para o objetivo primeiro da vida cristã, não a retidão moral, mas a transformação espiritual. Pela disciplina da meditação diária percebemos que a nossa atenção está se tornando notadamente mais centrada no "outro" no espaço-tempo entre os períodos de prática regular. Este objetivo de atenção, a princípio, requer uma determinação muito disciplinada para limitar e abster-se de toda distração – e nada, ainda que seja algo religioso, pode ser idolatrado em distrações. Mas, com o tempo, o esforço de tornar-se verdadeiramente interior torna-se menos artificial, menos preocupado consigo mesmo e se transforma em um "hábito" natural e bom de autoconsciência, a autenticidade que podemos testificar através da liberdade e da alegria. A tradição espiritual insiste, em todos os lugares, na moderação como a disciplina que nos impede de cairmos nos estados de autodestruição do fanatismo ou da mediocridade. A moderação é o constante caminho estreito. É diário e comum.

Acima de tudo, estar atento, seja na meditação ou na vida em geral, à presença de Deus como a unidade primordial que chamamos de Criador; precisamos nos tornar atentos a Cristo. Mas isto não significa nos fixarmos numa imagem sua, ou manter uma conversa imaginária com Ele. Significa adentrar na atenção mesma de Cristo. Contemplação não é *olhar para* ou *ser olhado*. É um estado de consciência unificada no qual as identidades de si e do outro, sujeito e objeto, são – felizmente e não terrivelmente – permutáveis. A suprema condição humana de permuta com Deus é a oração de Cristo em nós, seu Espírito elevando-se em nós. Seu Espírito aberto ao Pai, amando o Pai e vendo-se fora de si mesmo no amor recíproco do Espírito Santo; esta é a sua e a nossa jornada ao Pai que é seu e nosso. Este é o Espírito que recebemos. Esta é a oração de Cristo e esta é a nossa oração.

Há um jeito muito simples de compreender como a oração de Jesus se torna a nossa oração. Pense como é natural, quando você entra em uma sala onde alguém está olhando intencionalmente para o teto, seguir a sua linha de atenção e procurar pelo que chamou tanto a atenção dela. E é o mais comunicável. Confiar no poder daquela pureza atenciosa é o que fazemos quando oramos. Damos nossa atenção a Cristo e, gradualmente, nossa atenção é assumida pela dele, voltando-se, na sua consciência, para o Pai. Esta é a base trinitária da meditação, a atenção pura de Jesus no Espírito, na direção do Pai. Isto também é a verdadeira interioridade do cristão. A oração é que faz de qualquer ação uma ação cristã, que faz com que qualquer ministério, serviço, vocação ou atividade mais simples se torne verdadeiramente cristã. Não contém a consciência de Cristo por falar sobre ela, pelos sinais típicos de uso característico de alguma coisa, pelo uso específico de uma linguagem tipicamente religiosa ou pela distribuição de panfletos. O que torna uma ação essencialmente cristã é que, no mais profundo do nosso espírito, nossa atenção esteja em Cristo, na direção do Pai. Esta é a razão, como prova a experiência, por que a verdadeira interioridade é a base da caridade sincera. Em termos práticos, como a disciplina diária nos aponta, descobrimos que, através da perseverança no caminho da meditação, tornamo-nos mais amorosos, mais compassivos e mais generosos. E isso acontece apesar de nós mesmos, apesar dos fracassos aparentes, apesar do nosso evidente egoísmo e decepcionantes incidentes. Apesar de tudo, a força, o chamado atencioso da oração de Cristo, nos atrai para si.

Sabendo que estar centrado no outro é uma disciplina, trata-se de uma escola e isto significa ascese. Não há nada mais difícil do que aprender a mudar o foco da atenção para além de nós mesmos. E para nós, hoje, há um desafio ainda maior para enfrentarmos, pois parece quase um sacrilégio descentralizar a atenção de nós mesmos, ainda mais quando temos que contrabalançar crescimento, realização e maturidade com a autoanálise e uma estruturação consciente de uma autoimagem positiva. De fato, precisamos nos amar, curarmo-nos pela confissão, pelo perdão e comunhão. A fé cristã confirma isto na revelação da nossa origem e sustenta estarmos em amor incondicional, em Jesus como o universal e supremo médico e terapeuta da alma humana.

Mas a sabedoria de Jesus é absolutamente simples e inflexível quando aponta o caminho para a totalidade do Reino: devemos renunciar a nós mesmos. Assim fazendo, ganhamos cem vezes mais porque encontramos a nós mesmos em tudo a nossa volta, em cada pessoa, em cada situação, em cada momento que passa. Vemos nosso eu em Cristo e Deus em Cristo em cada um e em tudo. Talvez isto se mostre a princípio de modo vago, mas a claridade de visão está crescendo. A importância do mantra é absoluta se estamos comprometidos com a total simplicidade. É o mantra que nos permite manter a atenção pura e divinamente direcionada para Cristo.

O mantra ilumina também a importância da comunidade, pois tornando-nos atenciosos aos outros, para sua presença real, a presença amorosa de Cristo nos outros cria uma comunidade que, através da atenção coletiva – a oração da Igreja –, está voltada para Cristo. Esta oração coletiva do Corpo é vital para nós, não somente como um apoio, mas como uma estrutura da realidade espiritual. Somos muito inclinados a deixar a atenção divagar, cedendo ao narcisismo, à autopiedade e, quando a atenção cede a esta falsa corrente, não demoramos muito para entrarmos no estado da distração. Há então uma verdade simples a descobrir: quando a atenção está em Deus, com a visão da fé, tudo revela Deus para nós. Quando nossa atenção está em nós mesmos, na imagem ofuscante do ego, tudo é uma distração para além de Deus.

Parece um desafio exigente colocar sempre nossa atenção naquela visão de fé, até que percebamos que é precisamente para isto que fomos criados. Encontramos a nós mesmos nisto, pois assim realizamos nosso sentido de Deus e da criação.

CAPÍTULO VIII

O agora do amor

Realmente não compreendia o que era meditação até que vi a importância de meditar cada dia da minha vida. Enquanto você pensar que medita o quanto acha que precisa ou o bastante para conseguir alguma coisa, você realmente não começou a meditar. Quando perceber que começou uma jornada que durará até o fim de sua vida, então você começou a aprender. A este momento de reconhecimento e consentimento chamamos de compromisso. É bem descrito como um momento de graça e de compreensão, pois nele experienciamos nosso mais profundo sentido e a importância da oração para estarmos inteiramente vivos. Nós meditamos, não somente para sabermos o porquê de estarmos vivos, mas para vivermos de maneira diferente, para vivermos de maneira mais plena. Tão logo vislumbramos a viva conexão entre meditação e vida, sabemos então que a meditação está unida à vida; está paralela à nossa vida e, como a vida, está enraizada na terra com seus ramos para o céu. Tão logo percebemos isto, notamos que estamos aprendendo algo, que a vida em si mesma pode ser mais profundamente compreendida como aprendizado, como um despertar, como uma descoberta.

A meditação em si é uma experiência de aprendizado, literalmente uma "disciplina". Somente a disciplina nos ensinará a verdade e somente a prática nos levará ao despertar. A disciplina da meditação é uma escola. É uma escola de amor, e o crescimento humano, que é um processo de aprendizagem, é um crescimento no verdadeiro discipulado do amor. Ela nos ensina o que devemos aprender, a ver com o coração, a entender através do centro, a optar com cada fibra do nosso ser. Ela nos ensina o que precisamos aprender para que realizemos o destino essencial que tem cada ser humano: ser ele mesmo pela eternidade. O destino humano é a vida eterna. É fácil estabelecer-se para uma vida temporária, para menos do que seria a vida eterna, pois nos apegamos mais ao que é finito, com o que há de menos em nós mesmos, do que com o que podemos ser, captados pelo infinito. A maioria de nós começa a meditar na fase em que estamos estáveis para uma vida finita. Ainda assim, começamos também a perceber que isso é um erro. É fácil nos estabilizarmos para uma vida finita, pois é uma vida dentro de barreiras protetoras. Parece que estamos a salvo e seguros. De fato, não é tão fácil. O maior desafio é viver eternamente, responder à verdade última da nossa existência, identidade e morte. Compreender que somos feitos para a eternidade, vida não somente no mundo que está por vir, mas vida inteiramente vivida agora, excede o poder da imaginação. E estar inteiramente vivo exige tudo o que somos em cada momento. Como era de se esperar, diminuímos então o mistério disso tudo e construímos as barreiras protetoras da fama, do poder e da ambição. Ainda assim, a vida é mais forte que nossos medos da eternidade e, se temos que viver, devemos viver eternamente, devemos viver plenamente.

Viver eternamente significa viver de maneira plena no momento presente. A eternidade é o perpétuo *agora*, e assim como aprendemos a viver eternamente no momento presente, aprendemos a verdade sobre o amor que também é inteiramente presente. Amar é estar todo presente ao outro e para o outro com uma intensidade e unidade que transcende a destruição do tempo. É fácil se conformar com uma ilusão sobre o amor. O romance imagina o amor no passado ou no futuro, mas o que ele chama de amor é, de fato, um sonho de amor. Começamos a meditar, a aprender na escola do amor, depois de confundirmos o eterno e o finito, depois de ter chamado a realidade de ilusão, de ter chamado de amor o egoísmo. Mas o viver eternamente, no momento presente, nos ensina que erramos porque não sabíamos o que o amor realmente era, ou de onde ele brotava.

Como nós aprendemos isso? Aprendemos sendo amados eternamente, inteiramente. Tal amor faz com que o objeto do amor deixe de ser objeto. Assim como aprendemos a ser inteiramente amados, fica cada vez mais difícil para nós possuir ou estarmos no controle. Porque o amor não somente faz com que o amado deixe de ser objeto, mas faz algo mais para ele. O amor leva o amado para a autotranscendência. Esta é a estranheza do amor, ao mesmo tempo que é a sua alquimia. O objeto de amor deixa de ser um objeto, enquanto o amante transcende a si mesmo. Este processo parece levar à aniquilação de ambos, amado e amante. Parece levar à perda da identidade. Se é todo renúncia, todo transcendência, o que fica? Quem fica? Este é o desafio de conhecer a vida eterna, assumir o risco de aniquilação.

Chegar à totalidade do ser significa chegar à nossa identidade real, ao ponto em que nosso nome seja radiante. Mas chegamos a isso pelo que se parece tanto com aniquilação, um processo tão forte de desnomeação, que pode ser melhor descrito como morte. É o fim de uma identidade incompleta e o início de outra. Certamente, a morte não é o fim. Uma vez que começamos a amar e ser amados eternamente, a viver eternamente, percebemos que a morte é muito comum. Acontece sempre. É simplesmente e sempre o próximo passo. O que permanece nesta recorrente perda de identidade é o ser essencial, a identidade essencial do ser. O que somos parece chegar ao fim, mas quem nós somos ressurge novamente. Penso que experienciamos isso na meditação, na aniquilação aparente, o seu nada aparente, com nada para pensar, nada para imaginar, quando Deus e o si mesmo não são mais identificáveis. É uma experiência de morrer para uma vida mais plena.

O amor não está preocupado com a morte, e por isso o amante pode sorrir por entre as lágrimas da morte. O amor não quer a destruição da identidade, seja no amante ou no amado. O ciúme é que o faz, pois é o reverso e a negação do amor. Mas o amor está preparado para passar pela morte para obter um grau maior de identidade, a identidade final unitiva. Santo Agostinho disse: "Se eu te amo, quero então que você seja", e este desejo de que o outro seja simples e plenamente si mesmo é a essência do amor. É a essência do amor criativo de Deus. A razão de nossa própria existência é o querer de Deus que *sejamos*.

As parábolas que Jesus contou sobre a ovelha perdida e sobre o filho pródigo nos falam deste segredo do amor de Deus por nós. Nestas histórias podemos ver um Deus que é totalmente e eternamente preocupado com a identidade do amado. Deus é tão preocupado com identidade única que chega a desafiar o número. Ele é tão preocupado com uma única ovelha como o é para as noventa e nove. É tão preocupado com o filho pródigo quanto o é com o que ficou em casa. Este é um amor que o amor finito não pode compreender e, de fato, o amor finito pode ficar irritado por causa dele, pois um amor total parece ameaçar a nossa identidade. É um amor que não acredita em matemática, lógica ou barreiras protetoras. O amor de Deus – total, eterno – transcende número, ciúmes e medo. Concede uma identidade que prescinde de barreiras para protegê-lo. Provê e confirma uma identidade que não depende do que resta das nossas individualidades. Cria uma identidade que nos capacita a entrar na mais alta identidade unitiva, em que somos mais do que indivíduos, em que somos indivisos. É importante compreendermos este amor eterno, pois, se o esquecemos, logo nos limitamos ao amor finito. Isto significa que logo podemos deixar de amar e, se deixamos de amar, tornamo-nos frios e finalmente desumanos. Se amamos somente de modo finito, acabaremos por eliminar e exterminar tudo o que achamos que não seja amável, e nosso próprio século nos mostra o quanto pode ser possível este horror. Somente o amor eterno pode querer que todos *sejam*.

A meditação, como o Evangelho, nos ensina que somos divinizados pelo amor eterno de Jesus. Movendo-nos do amor finito para o amor eterno, juntamente com uma simples manifestação de humanidade, tornamo-nos plenamente humanos por adentrarmos na vida eterna. A humanidade é divinizada pelo amor eterno de Deus que encontramos em Jesus. Este encontro é oração. Descobrimos então o que é o amor, e este não corresponde em nada ao que pensávamos que fosse. Descobrimos que está infinitamente além do poder de compreensão e expressão da mente e infinitamente além do poder de registro da emoção. Mas descobrimos também que está presente e é real dentro de nós. Somente podemos sabê-lo aceitando-o incondicionalmente. Somente podemos obter a vida eterna se estamos preparados para perdermo-nos a nós mesmos, e é isto que fazemos na simples e amorosa repetição do mantra. O amor dentro de nós nos diviniza porque nos torna capazes de amar eternamente, como Deus. Ou talvez não como Deus, mas certamente *com* Deus, *em* Deus. Nesta aprendizagem, descobrimos a alegria e a maravilhosa estranheza de viver na consciência divina como um estado de desapego contínuo, entrega contínua e autotranscendência. Não menos em um estado no qual o nosso ser e o ser do outro estejam em constante identificação, nomeação e reconhecimento. A raiz disso está no amor que flui entre o Pai, o Filho e o Espírito, a unidade de três que transcende número e encontra semelhança no outro.

> *Que todos sejam um, como Tu, Pai, estás em mim e eu em ti, que eles estejam em nós, para que o mundo creia que Tu me enviaste. Eu lhes dei a glória que me deste, para que sejam um como nós somos um: eu neles e Tu em mim, para que sejam perfeitos na unidade* (Jo 17,21-23).

CAPÍTULO IX

A competição que todos vencem

Uma vez fiquei com uma jovem família que tinha uma filhinha. Tinha justamente começado a frequentar o jardim de infância e chegou uma noite muito animada, balançando um pedaço de papel. Tinha acabado de ser premiada com um certificado por ter sido a "melhor estudante da semana". Estava bastante feliz com isso e insistia para que o certificado fosse fixado na porta da geladeira para que todos pudessem vê-lo. Tudo o que podíamos fazer era compartilhar a sua animação e felicidade. Mas, ao mesmo tempo, não podíamos deixar de pensar se o impulso competitivo não tinha sido estimulado um pouco cedo demais. O que aconteceria na próxima semana, quando outra criança fosse a melhor aluna? Será que isso não iria engendrar sentimentos desnecessários de ciúmes, raiva ou um senso de fracasso?

É inevitável que a competitividade esteja presente nos relacionamentos humanos e em todas as sociedades. Onde há um ego, há competição, ainda que seja para sobressair o melhor de nós mesmos. Há o inevitável desejo de se superar, mas aplica-se a mais do que nosso próprio desempenho ou amor pelo trabalho que estamos fazendo. No egoísmo, há o desejo de superar ou exceder o desempenho dos outros, de sempre estar na frente, de ser o número um. Possivelmente, isto acontece porque, na estranha lógica do ego, sentimos que lá estamos mais seguros. De uma forma ou de outra, isto é inato à natureza humana. Pode até ser uma compulsão dominante que afeta cada parte de nossa vida intelectual, emocional e social. É a compulsão dominante enquanto estivermos centrados no ego e até que comecemos o processo de transcendência do ego, que é o que o Novo Testamento e Jesus chamam de "renunciar-se a si mesmo".

Na visão da tradição espiritual, o egoísmo é somente um estágio de desenvolvimento. É necessário, é inevitável, mas é somente um estágio de transição. Não fomos feitos para, nem precisamos, ficar fixados neste estágio de desenvolvimento. Como todos os estágios de crescimento, precisa ser transcendido da maneira correta, sem violência ou crueldade. Precisa ser transcendido de uma maneira que encoraje o processo natural de crescimento que está acontecendo continuamente em nós – o desvelar da vida de nossa humanidade –, tanto que, uma vez transcendido, possa ser reintegrado e permita que o próximo estágio apareça. É possível ficar preso em qualquer estágio da jornada, ter o desenvolvimento interrompido. E esta é outra maneira de compreender o pecado. Não faz sentido falar de pecado inconsciente ou involuntário. Não há pecado sem liberdade. E como nós – e São Paulo – sabemos por experiência, nossa liberdade é, muitas vezes, constrangida por forças naturais que parecem fazer com que escolhamos o que não era suposto escolhermos. A tendência à regressão, a evitarmos o desafio da transcendência e o risco do crescimento são muito grandes. Podemos facilmente escolher – muitas vezes por omissão ou passividade – por deixar esta tendência prevalecer. Escolher não crescer é pecado. Quanto mais ficarmos num estado de prisão interior, será necessário mais energia, tempo e fé para nos arrancarmos dele e avançarmos. Por isso é tão importante escutar a urgência da tradição espiritual que nos diz que *agora*, *hoje*, é o dia da libertação.

Nossa sociedade e a maioria de seus valores nos inspiram a ficarmos presos no estágio do ego. Os problemas que resultam disso são graves. As desordens psicológicas de nosso tempo são endêmicas. Freud e outros fundadores da psicologia, até mesmo no final do século XIX, alertaram para o grande aumento dos distúrbios nervosos. Recentemente estive conversando com um psiquiatra sobre o assunto e ele mencionou que esse aumento na atualidade é um problema insolúvel. Terapia é muito demorado, muito caro e nem todos podem dispor de tempo e dinheiro. Então perguntei qual seria a resposta a longo prazo e para todos. Sua solução era que a terapia deveria começar na sala de aula, com as crianças. Mas para mim, parecia que isso realmente aumentaria o tratamento para a doença, não a cura. Sua única sugestão mostrava, penso eu, até que ponto nós perdemos a sabedoria, que é sempre uma sabedoria prática, da nossa tradição espiritual. Isto nos diz que cura é crescimento. Podemos progredir natural e terapeuticamente de um estágio a outro, simplesmente por entrarmos em contato com o espírito da vida, a bondade e amor da vida inerentes em nós. Crescemos somente se podemos entrar em contato com nosso próprio centro. A grande descoberta da tradição da meditação em nosso tempo é um sinal real de esperança, um impulso regenerador em direção à saúde e à plenitude. Podemos começar a meditar em qualquer estágio da nossa vida. Crianças podem meditar, as pessoas podem começar a meditar nos últimos dias de suas vidas. Você pode começar, estando num estágio de crescimento natural ou num estágio de prisão interior.

A meditação é uma resposta àquela palavra da tradição que nos diz que *agora* é o tempo. *Hoje* é o tempo. Qualquer um pode começar a meditar *agora*. A meditação não é uma fuga dos problemas do crescimento em qualquer vida. É um jeito de confrontá-los diretamente na raiz, em nós mesmos, não em conversa ou teoria, mas em silêncio e experiência pessoal. A meditação é sabedoria prática, algo que fazemos, não algo em que pensamos. É um jeito prático de mover-se tranquilamente, naturalmente, no caminho e tempo certos para além do egoísmo.

Um dos sinais desta certeza é que não há nada mesmo de competitivo sobre meditação. A meditação não é uma corrida. Não estamos tentando chegar a lugar algum antes de ninguém. Não podemos chegar lá antes de nós mesmos. Você não pode meditar apressadamente. Você tem um tempo agendado para meditar, cada manhã e cada noite. Você se compromete com esse tempo regularmente. Você não está à procura do primeiro lugar, porque, somente por começar, está aceitando implicitamente que Cristo já venceu. Ele chegou antes de nós há muito tempo. Mas Ele venceu por nós, não triunfou sobre nós. O ciúme do ego por Cristo é por fim derrotado por sua própria absurdidade, pois Cristo anseia por compartilhar sua vitória conosco, como iguais.

Há alguém com quem competir? Você está simplesmente permitindo você mesmo a ser, a ser você mesmo, ser onde está e quem você é. Por isso a quietude é um elemento tão importante para a meditação. Quietude da mente e quietude do corpo excluem competição e autoafirmação. Nos dois períodos de meditação de cada dia, o primeiro propósito é ficar quieto. Esta é uma disciplina importante e difícil de aprender sentar-se fisicamente silencioso. Em segundo lugar, ficar silencioso na mente, pelo simples caminho do mantra. A repetição de uma única palavra ou frase leva à quietude; a quietude, ao silêncio; o silêncio, ao despertar. Assim, que todos os planos, preocupações e autoanálises fiquem em silêncio, uma vez que sua atenção está voltada inteiramente à repetição da palavra.

Todos os pensamentos tendem a estar conectados ao egoísmo e à autoconsciência ativa, por isso deixamos de lado os pensamentos. Precisamos nos lembrar disso de tempos em tempos, uma vez que podemos facilmente escorregar para uma forma preguiçosa de meditação. Nesta forma, reduzimos o puro compromisso ao relaxamento, assistindo ao vaguear da mente e ao colecionar de *insights*. Em ambos os casos, a nossa fidelidade ao mantra se enfraquecerá. Muitas vezes isto nos trará o sentimento de que conseguimos tudo o que tínhamos que conseguir da meditação. Não é, de maneira alguma, uma característica somente dos iniciantes.

Quando você se senta para estes dois períodos diários de meia hora de quietude – dizendo o mantra calmamente, regularmente e continuamente – o que acontece? Os pensamentos passarão a sua volta, competindo uns com os outros pela sua atenção e tentando forçá-lo a voltar à competição. Muitas vezes eles vencem, mas por pouco. Então você continua silenciosamente, apesar de todos os pensamentos, a retornar para o mantra. Em algum momento, muitas vezes provavelmente durante esta jornada, você terá uma impressão de mal-estar, de que algo está faltando, de inquietação, de que você deveria fazer alguma coisa, de que você está perdendo tempo, perdendo suas chances ou posição na competição. A vida parece vencer sobre você. Este sentimento, não importa quão forte seu nível de ansiedade, simplesmente tem que ser ignorado.

Pode ser difícil às vezes expressar ou compreender por que você está perseverando, sendo até mais difícil fazer com que outros o compreendam. Mas à medida que você persevera, entende que, se não há competição, não há vitória ou fracasso. Perguntamos, o que há então? Certamente que vai vencer ou perder. Não há mais nada. Mas há algo mais. Quando vemos o que é aquele algo mais, então despertamos.

O algo mais é um voltar para casa, ser reconhecido. É descobrir o amor no encontro de si mesmo. É perceber quem você é e os grandes dons que todos temos recebido. A razão pela qual todos nós competimos já nos foi dada, livremente, como um dom. *Tudo* não é algo pelo qual devemos competir, mas algo que devemos aceitar. Este é o sentido do Reino. Quando adentramos o Reino dentro de nós, experienciamos o "dom". Competitividade e ambição estão ligadas às inseguranças profundamente enraizadas na psique humana. Meditando diariamente, com a disciplina que nos leva à liberdade, enfrentamos estas inseguranças. Não mais nos esquivamos delas. Confrontamos cada uma dessas inseguranças com a força do amor incondicional e infinitamente aberto. O ego nos faz buscar, encontrar e possuir este amor fora de nós mesmos. Mas a meditação nos ensina a encontrá-lo no centro de nós mesmos. O fruto da interioridade nunca pode ser possuído. E quando o ego confronta a entrega incondicional, ele se dissolve, pronto para render-se ao próximo estágio de crescimento. Em última análise, é a abundância do amor de Deus, não sua totalidade, mas sua abundância, que nos inspira a escolher a vida, a escolher o crescimento.

> *Tendo sido, pois, justificados pela fé, estamos em paz com Deus por Nosso Senhor Jesus Cristo, por quem tivemos acesso, pela fé, a esta graça, na qual estamos firmes e nos gloriamos na esperança da glória de Deus. E a esperança não decepciona, porque o amor de Deus foi derramado em nossos corações pelo Espírito Santo que nos foi dado* (Rm 5,1-2.5).

CAPÍTULO X

Padrões e identidades

Recentemente alguém me chamou a atenção para esta frase no livro de Dom John Main, *The present Christ*:

> *Se vivemos meramente dentro da perspectiva de um padrão fixo dia após dia, estamos desperdiçando nossa mais profunda resposta à vida sobre tudo o que passa. Não nos comprometemos com a vida no nível em que as coisas permanecem.*

Ela perguntou-me se a meditação não era em si um "padrão fixo". A meditação diária, o compromisso regular que fazemos e a importância que agregamos ao praticá-la cada manhã e cada noite, não estaria ela se tornando justamente aquilo do que se propõe a nos libertar? Será que não vemos o perigo sutil de entrarmos na "perspectiva de um padrão fixo", o qual somos orientados a evitar? Comecei a refletir sobre este ponto e a luz que podemos lançar sobre o que realmente estamos fazendo quando meditamos. Não se trata de uma nova ideia, é claro. Os Padres do Deserto foram talvez os primeiros a nos alertarem contra o perigo do fanatismo espiritual e a proporem, do ponto de vista cristão, a sabedoria da moderação. Evágrio alertou que a arma contra a paixão não deve se tornar em si mesma uma paixão.

A meditação é muito parecida com o entrar em uma caverna. Se alguma vez você passou as férias de verão no mar quando criança, provavelmente saiu em busca de cavernas ao longo da costa. Talvez um dia tenha encontrado uma caverna, tenha ficado entusiasmado com a aventura do descobrimento e com a perspectiva de achar um tesouro de piratas escondido lá dentro. Você começa a entrar na caverna e um medo terrível irrompe por dentro, quando você projeta para a escuridão desconhecida todos os medos inconscientes da sua própria psique. Se você é muito criativo, pode ver monstros vindo na sua direção saindo da escuridão. Ainda assim, você é irresistivelmente atraído a prosseguir.

A meditação é muito parecida com isto, uma entrada livre e simultaneamente irresistível em direção ao desconhecido. Damos um passo adiante para dentro da caverna cada vez que meditamos, nem sempre com um medo tão dramático, mas sempre sabendo que estamos adentrando no desconhecido. Entramos caverna após caverna, câmara após câmara, em níveis de realidade cada vez mais profundos, no coração da realidade em que o tesouro brilha. É sempre um avançar em direção à escuridão, mas "a Palavra do Senhor é uma lâmpada para os meus pés". O mantra é a luz que seguramos à medida que caminhamos, e ela dissipa a escuridão que evoca todo medo.

O que é maravilhoso sobre a meditação, a jornada espiritual adentrando na caverna do coração, é que uma vez que tenhamos dado cada passo sucessivo de fé e que a luz tenha brilhado no lugar escuro, então aquele lugar está iluminado. O medo, e o medo primitivo da morte, são transcendidos. Estamos iluminados até o ponto em que chegamos na jornada. "Tudo – diz São Paulo –, uma vez que a luz o tenha iluminado, tudo assim iluminado é todo luz." A câmara interior assim torna-se cada vez mais cheia de luz, cada vez que tomamos aqueles repetidos passos de fé, repetindo o mantra, prosseguindo a peregrinação diária.

A meditação enfatiza dessa maneira a relação entre o que está passando e o que permanece. O que está passando é a escuridão e todos os seus fantasmas. O que fica é a luz que começa a brilhar. É importante saber como relacionar esses dois níveis de experiência, a escuridão e a luz, o eterno e o efêmero, pois teremos que conviver com ambos ao longo do caminho. Precisamos ser capazes de viver nossa vida diária, como dizia John Main, enraizados "no nível em que as coisas permanecem... Cada vez que voltamos ao padrão cambiante da nossa vida, assim o fazemos mais firmemente enraizados em nosso ser e, então, mais capazes de perceber a vida como um mistério".

Seria esta jornada repetitiva, este padrão de meditação diária, um padrão fixo? Seria inflexibilidade? Uma limitação? Não, se a vemos como uma repetição de passo adiante. Não, se compreendemos o mistério da vida como um ciclo que repete e ainda avança, através da repetição, para uma nova criação, para abrir-se a novos níveis e explorar novas profundidades da vida. Não, se podemos ver cada vez que nos movemos do que é eterno para o que é passageiro, e então, quando retornamos aos padrões cambiantes da vida, nós o fazemos mais enraizados no ser. Assim, não penso que nossa meditação seja um "padrão fixo". É um padrão, isto é, tem uma identidade reconhecível e constante. Fazemos a mesma coisa cada dia. Mas trata-se de um padrão em movimento e assim nunca fazemos realmente a mesma coisa cada dia. Se você constrói uma casa, *cada* dia coloca um novo tijolo. A meditação não é um padrão fixo do mesmo jeito que somos retidos por padrões fixos de medo, raiva ou compulsão. É fixo somente no sentido de que é algo no qual perseveramos. Ou, em outras palavras, é fé. Fé não é rigidez. Não é estática. A fé está enraizada no eterno, mas está sempre mudando o padrão dentro do qual ela se move.

O que podemos experienciar como um padrão inflexivelmente fixo é o estado de egotismo. Aqui está o padrão fixo que é vital que rompamos. É crucial para a vida que não racionalizemos e não nos esquivemos deste trabalho humano. Quebramos esta corrente rígida de egoísmo pela energia da fé. A fé não faz muito sentido, não se faz real, a menos que seja repetida, que persevere. Perseveramos em quê? E como esta simples perseverança ocasiona uma expansão na profundidade da vida, da consciência e do ser? A fé é a perseverança na identidade real que é nossa, na identidade eterna que somente o compromisso pode revelar. A menos que estejamos comprometidos, não teremos identidade constante. O ego é o *self* antes de comprometer-se com algo que não seja consigo. Hegel disse que chegamos à identificação quando nos concentramos no outro. Até que estejamos inteiramente imersos, então, inteiramente comprometidos, estaremos sempre ansiosamente buscando a nós mesmos. Procuramos aquelas partes de nós mesmos que permaneceram ilhas de descomprometimento insubmersíveis no outro.

O nível com o qual nós mesmos nos comprometemos é o grau em que nossa identidade é compreendida. Se nos comprometemos somente com coisas no nível do egoísmo, nossa identidade não será compreendida para além do nível dos humores e máscaras inconstantes do ego. Se estivermos comprometidos com os valores, e assim com os desafios do que pode ser mais profundo do que o ego, então uma identidade começa a emergir no nível do verdadeiro eu. A forma da nossa identidade muda cada vez que nos comprometemos mais profundamente, cada vez que somos mais fiéis. Até mesmo nossa natureza muda quando meditamos, diariamente, ao longo dos anos. Tornamo-nos cada vez menos preocupados com a mudança que ocorre dentro de nós, porque a nossa peculiar preocupação está desaparecendo. Sabemos que estamos mudando e o sabemos através do outro, pois encontramo-nos mais no amor. Vemos que agimos menos sob os padrões fixos do ego e mais sob a forma de crescimento contínuo e inexplicável do verdadeiro eu. Desenvolvendo uma identidade exclusiva e infinitamente amável que nos foi dada a encontrar e compreender, percebemos que estamos nos tornando a pessoa que Deus escolheu antes da criação do mundo.

É como uma cascata. Alguém diz: "Venha e veja esta bela cascata". Você vai e *vê*; e você vê um poder incrível, uma imensurável quantidade de água descendo montanha abaixo. É a cascata que queriam que você visse, mas nunca pode ser a mesma. A cada momento ela muda. Sempre está mudando, sempre nova, sempre caindo para além de si mesma ainda que enraizada em sua própria identidade. *Naquela* constante mudança, há ainda uma certeza de identidade. Na fé, a consciência humana está ciente disto porque a fé nos leva à visão do que realmente somos enquanto nos transformamos. Sem a fé, vemos somente padrões fixos que estão, de fato, se deteriorando. Pela fé, vemos padrões em expansão que estão se desenvolvendo. Vemos a alma e vemos que cada pessoa é uma fonte de luz. A identidade de cada pessoa infinitamente amável é energia em constante estado de transformação. O que estamos nos transformando agora é o que seremos pela eternidade: pessoas divinas. Pela fé podemos ver que cada um de nós é uma criança divina de luz.

Na meditação encontramos o poder que leva à constante mudança e transformação diária da vida humana no seu maior desenvolvimento, porque ela se enraíza numa fé que se abre em consciência. Na meditação encontramos este poder em nossa própria fonte. Bebemos de nosso próprio poço. Mas bebemos diretamente da fonte que alimenta o poço. Bebemos na luz do ser da fonte da qual a luz emana, o Espírito Divino, a fonte eterna da água viva. Quanto mais bebemos, mais fiéis seremos, mais luz nos tornamos. Esta é a mais antiga descoberta cristã:

> *Esta é a mensagem que ouvimos dele e vos anunciamos: Deus é luz e nele não há treva alguma. Se caminhamos na luz como Ele está na luz, estamos em comunhão uns com os outros. Pois as trevas passam e já brilha a luz verdadeira* (1Jo 1,5.7; 2,8).

CAPÍTULO XI

A música do ser

No início da peregrinação da meditação, estamos muito preocupados com o chegar ao autoconhecimento. Esta fase testemunhará muito crescimento psicológico e a integração de muitas experiências não resolvidas das quais temos nos esquivado. Além do mais, como há menos preocupações pessoais para resolver, nosso foco de atenção muda do autoconhecimento para o conhecimento de Deus. Isto acontece quando a peregrinação está realmente começando e percebemos que se trata mesmo de uma peregrinação, não de uma corrida. Um modo de enxergar a diferença é pensar no início de uma corrida, com os corredores todos preparados, com os pés no ponto de partida. Os corredores avançam quando a arma dispara. Os peregrinos correm para trás, usando tanta energia e empenho quanto os corredores, mas dando uma absurda e escandalosa contrassenha, um sentido confuso da razão de correr. A princípio todos corremos para frente, buscando autoconhecimento. Mais tarde mudamos de direção, buscando a Deus, deixando o ego para trás.

As duas formas de conhecimento estão juntas, é claro. A tradição cristã sempre enfatizou que, se você quer conhecer a Deus, você tem que conhecer a si mesmo. Você tem que passar *pelo* autoconhecimento para *conhecer a Deus*. De fato, não há dois objetivos diferentes ou mesmo dois estágios. Eles estão juntos, de mãos dadas. Mas é importante compreender, especialmente quando você está começando a meditar, que estamos chegando a uma profundidade e um tipo de autoconhecimento que não nos é familiar. Por isso a experiência da meditação como disciplina diária é importante, pois permite que o autoconhecimento se torne familiar e uma nova qualidade sua integre-se com o que é mais comum. A meditação não nos leva somente ao autoconhecimento, mas também à compreensão de como nos conhecemos. Quando amadurecemos, nos tornamos mais críticos dos modelos que empregamos para expressar a maneira que nosso ser está entrelaçado de autoconhecimento e conhecimento de Deus.

Um dos modelos que condicionamos para compreender a nós mesmos é também uma das maneiras de nos encorajarmos a crescer: o modelo mecânico. Pensamos que somos um tipo de máquina, um supercomputador, eficiente, produtivo, mas, como todas as máquinas, dispensável. O modelo mecânico não é muito satisfatório. Leva ao desrespeito de si e à exploração dos outros. Não leva em conta a profundidade da natureza humana ou as qualidades mais admiráveis da nossa experiência. Melhor do que pensar o ser humano como uma máquina, seria pensá-lo como uma peça musical, cada pessoa sendo uma peça musical completa, e cada peça, uma parte de um todo sinfônico maior.

Cada um de nós é inimaginavelmente complexo. Existem tantas funções diferentes acontecendo ao mesmo tempo, tantas dimensões diferentes dentro de nós, tantos níveis diferentes em nosso ser – neurológico, físico, psicológico, espiritual. Esta complexidade intrincada e monumental fica escondida quando tudo está em harmonia. Quando todas estas partes diferentes trabalham juntas como deveriam, a harmonia parece fácil e sem esforço, como a *performance* de uma grande orquestra. É raro que estejamos num estado de completa harmonia. Quando esta cooperação de todas as partes é interrompida por algum sofrimento psicológico ou físico, então vemos as diferentes dimensões de nós mesmos desabando, de repente, em discordância e desarmonia. Perdem a sincronia na maneira que se adequam e trabalham juntas. Cada ser humano funciona como um todo e, quando não funcionamos como um todo, não funcionamos de fato. Somos como uma peça musical tocada em diferentes instrumentos. Cada instrumento, ainda que humilde e pequeno, toca sua parte significante. Como acontece com todos nós, se nos sentimos menos do que o todo, se sentimos uma desarmonia em algum lugar, um sofrimento, um descontentamento, depressão ou ansiedade, então precisamos, como prioridade do momento, restaurar a verdadeira musicalidade de nosso ser.

Se a nossa música interior foi precipitada em desarmonia, precisamos restaurá-la. Não podemos fugir disso sem que tudo fique pior. Se uma parte da orquestra nunca aprendeu a tocar seu instrumento, então precisa aprender. Se uma parte de nós tem sido colocada de lado ou nunca tenha se desenvolvido, deve então ser reconhecida e educada. Como podemos fazê-lo? Como podemos restaurar ou introduzir harmonia naquilo que tem se desviado da verdade? Como podemos descobrir o que realmente se parece conosco? Como podemos encontrar nosso verdadeiro eu?

E como podemos compreender para que ou para quem o nosso eu é verdadeiro?

Cada tradição espiritual ensina a meditação como o caminho. O bem, a afinação correta, a plenitude, a música do ser é restaurada pelo contato que temos com a música além de nós mesmos. Chegamos à ressonância com uma harmonia maior do que nossa própria harmonia interrompida. Somos levados à plenitude da harmonia pelo *ouvir* uma harmonia mais profunda. Este ouvir é o encontro com o Espírito Santo, o Espírito de Deus que habita em nós e que, como diz São Paulo, "vem em auxílio de nossa fraqueza". Quando meditamos restauramos a harmonia de nosso ser que foi perdida e reparamos o que foi interrompido. Nós o fazemos da maneira mais simples e mais poderosa. Nós o fazemos, não remendando com nossos próprios utensílios, não pela autoanálise, mas pelo ouvir da mais profunda harmonia de Cristo – "música ouvida tão profundamente que nem mesmo chega ser ouvida". A descrição de T.S. Eliot capta o sentido da perda e da descoberta em nosso relacionamento com Cristo. A meditação é essencialmente sobre esta escuta. É mais profunda do que ouvir com os nossos ouvidos ou concentrar com nossas mentes. É um ouvir obediente de toda a pessoa. De fato, chegamos à plenitude pelo ouvir, pleno e sem distrações.

A meditação não é uma maneira de pensar ou análise. A meditação é uma forma de atenção, de pura, simples e total atenção. Sua disciplina é aprender a ouvir com todo o coração. Não pense que significa ouvir uma mensagem. Não há mensagem esperando para ser sinalizada para nós, mostrando qual número de loteria a escolher ou indicando se é para comprar ou vender. Não é para ouvirmos nenhum tipo de mensagem como essa que tira a nossa liberdade. Quaisquer palavras, imagens ou pensamentos que vêm durante o período de meditação, podemos tranquilamente considerar como reflexos ou projeções de nossa consciência. Na oração vamos mais profundo do que os pensamentos e do que todas as operações da mente. Vamos, com toda simplicidade, delicadeza, ao espírito, por causa do amor. O caminho pelo qual chegamos a esta atenção cuidadosa é pelo dizer do mantra. Quanto mais você o diz, com o passar das semanas, meses e anos, mais perceberá que o está escutando cada vez mais com o seu ser.

O mantra é como um harmônico que soa no mais profundo de você mesmo, que o conduz por toda a desarmonia, barulho e distrações. Não espere que ele funcione imediatamente ou miraculosamente. É um trabalho, um trabalho espiritual e, de fato, uma disciplina. Mas é um caminho seguro, comprovado e direto.

Dizer o mantra claramente, articulando a palavra claramente no centro de seu ser, o ensinará, entre outras coisas, o que é fé. Diga-o claramente, tranquilamente e de modo ritmado, com a mente e com o coração. Diga-o fielmente, não importa quão forte sejam as distrações e as desarmonias. Algumas vezes as distrações serão mentais e, outras vezes, emocionais. Você virá à meditação cada manhã e cada noite com discordâncias mentais e emocionais, muitas delas emergindo da desarmonia das preocupações do passado, do presente ou do futuro. Diga o mantra através disso tudo. Traga tudo para a harmonia.

Não há nada pior do que sentir que somos uma "música ruim". Mas muitas vezes podemos ver que estamos influenciados por algo desarmonioso, pelo que há de pior em nós mesmos, e muitas vezes pode ser porque estamos sintonizados em algo medíocre. Não há nada pior do que nos sentirmos controlados pela tirania da mediocridade. Os músicos estão sempre se empenhando na direção de uma execução mais perfeita. É isto que fazemos, como músicos espirituais que somos, quando meditamos, e é o porquê de o fazermos todos os dias independente de nos sentirmos bem ou mal. Por tal disciplina é que evitamos a mediocridade. Nenhum de nós gostaria de ser essencialmente medíocre porque nenhum de nós é medíocre.

A mediocridade se recusa a permitir que uma harmonia mais profunda dentro de nós se expanda para além de nossa desarmonia. Permanecemos medíocres quando ficamos fixos naquilo que está fora de harmonia, concentrando-nos nas faltas, fracassos ou limitações. Não há razões para que fiquemos fixos neles, quando aquela harmonia mais profunda de Cristo existe dentro de nós. O crescimento acontece quando escutamos aquela harmonia mais profunda. Quando, através da meditação, a percebemos dentro de nós, transbordamos com a música que Deus executa em Cristo. O mantra, tranquilamente, mas certamente, transfere nossa atenção da nossa desarmonia para aquela harmonia mais profunda e, assim fazendo, nos leva à harmonia conosco mesmos e com a nossa fonte. Como São Paulo e os primeiros cristãos sabiam – e nós esquecemos por causa da mediocridade –, este é o poder que mudou a condição humana:

> *Não cessamos de orar por vós e de pedir que sejais levados ao pleno conhecimento da vontade de Deus, com toda a sabedoria e discernimento espiritual. Assim andareis de maneira digna do Senhor, fazendo tudo o que é do seu agrado, dando frutos em boas obras e crescendo no conhecimento de Deus* (Cl 1,9-10).

CAPÍTULO XII

Um estilo de vida

A comunidade dos grupos de meditação espalhados pelo mundo compartilha uma convicção central. É simplesmente a convicção de que Deus é encontrado no centro de nosso ser pessoal, porque o Espírito de Cristo habita em nossos corações. O cristão tem este segredo "misterioso" para compartilhar com outros cristãos e com o mundo inteiro. O segredo é Cristo em nós. Embora seja uma convicção simples e não tão intelectual, é o que dá uma extraordinária profundidade e mistério à vida. Como uma crença, vai direto ao núcleo do nosso ser, literalmente. Podemos pensar sobre esta convicção e podemos discuti-la, mas somente sua experiência pode lhe dar o sentido último ou ratificá-la. Por sua natureza, é uma crença simples e sua prova experiencial nos leva por um processo de simplificação e, ainda mais, à unidade última. Estes pequenos grupos de meditação são centros de fé viva e assim eles são capazes de compartilhar com todos os tipos de buscadores a convicção de que a meditação é o caminho para o centro do nosso ser. E, como tal, é o caminho para encontrar Cristo em nós. A sua graça, sua paz e seu amor são parte deste encontro. No fim, é um encontro, não uma palestra, que nos persuade.

Leva certo tempo e há um certo processo envolvido no fazer desta convicção central mais do que somente uma ideia interessante a mais. Poderia ser uma ideia muito consoladora. Para alguns poderia ser uma ideia muito estimulante intelectualmente. Mas há de tornar-se mais do que uma ideia. Tornou-se uma certeza palpável. E, no ensinamento de John Main que convoca e inspira estes grupos, você encontra uma grande ênfase na meditação como um processo de conversão que é mais do que meramente uma conversão moral. De fato, a conversão moral realmente acontece "depois" que esta outra conversão tenha se iniciado, pois esta conversão *básica* é da teoria para a experiência. A meditação é sobre aquela conversão radical cristã, uma mudança de ser uma pessoa de teoria, degustador de ideias, para uma pessoa de experiência, profetas da certeza.

Sem dúvida que isso soa arrogante. Mas no caminho deste processo, que não acontece da noite para o dia, e que podemos iniciá-lo quando quisermos, toda a arrogância desaparece e somos compelidos a nos tornarmos extraordinariamente humildes. Mas no processo de nos tornarmos humildes o bastante para aceitar a graça de Cristo, descobrimos, com um assombro de criança, a inocente alegria de sermos discípulos. Não é um dom pequeno acreditarmos que todos somos templos do Espírito Divino. É um dom inclusive muito raro de acreditar hoje, pois não é algo que se encoraja a acreditar ou, confiantemente, a proclamar na nossa vida comum. Mas é o mais raro dom – embora não o mais inacessível – ser capaz de experienciar nós mesmos e ver os outros como este templo. Acreditar nele e experienciá-lo mostra uma certeza misteriosa. Revela a luz na qual vemos a luz. Revela a fé.

A primeira coisa que os grupos tentam enfatizar é que a meditação é uma forma de experiência, e não de pensamento. Temos que aprender gradualmente a seguir este caminho do não pensamento, pois estamos muito condicionados a pensar e a pensar sobre pensar. É como se a agulha da consciência ficasse emperrada no canal do pensamento e todos os pensamentos ficassem dando voltas como em círculos. Por fim, somente a experiência empurra a agulha para frente. Temos que aprender, talvez reaprender, o segredo do não pensar, de conhecer a realidade diretamente e experienciar a plenitude da realidade que é o momento presente. Gastamos tanto tempo pensando sobre o passado ou sonhando com o futuro. Se estamos inteiramente no momento presente, não estamos sonhando ou pensando, estamos vivendo. Não temos que tentar não pensar. Somente temos que aprender como estarmos presentes, como ser, agora.

O pensamento é uma corrente de consciência rica e contínua em nós. O momento presente em que estamos é eternamente lembrado ou antecipado. Muitas vezes, quando pensamos que estamos no momento presente, estamos meramente observando as imagens que acabamos de criar. Há uma corrente interminável de ideias, de conjuntos de ideias que denominamos conceitos, e de imagens. Tudo contribui para formar uma torrente de consciência racional e imaginativa. Mas há um nível mais profundo nesta corrente. É um nível mais claro, mais puro no qual não há pensamentos ou imagens e em que já estamos num estado contínuo de oração. Aqui estamos plenamente presentes, plenamente despertos no perpétuo agora.

A meditação é o desvelar deste nível ou profundidade de consciência. A melhor maneira de responder à questão "O que a meditação faz?" é simplesmente dizer que ela nos aprofunda.

Tão logo começamos a meditar, iniciamos a descoberta desta profundidade e, aos poucos, aprendemos a residir lá. A princípio, nós a descobrimos só brevemente. Um breve contato é feito antes de dar o próximo golpe nos níveis mais agitados das superfícies dos pensamentos e imagens. Oração não é peneirar ou passar pelos diferentes níveis da consciência. Não é escolher ideias brilhantes ou experiências deslumbrantes de toda inutilidade que flutua na superfície da mente. Quando você está fazendo o *trabalho* da meditação, veja sempre como um trabalho espiritual de renúncia de tudo o que não é essencial. Durante o tempo real da meditação, todos os pensamentos e todas as imagens, não importa seu valor, são distrações não essenciais. Com a prática e com o tempo, tornamo-nos mais livres pela renúncia e muito mais enraizados neste nível mais profundo. A meditação não é uma técnica rápida de tocar esta profundidade e escapar com uma experiência rápida. A meditação é um estilo de vida que nos enraíza neste centro profundo continuamente. O único propósito da oração é nos conduzir para o estado da oração contínua.

Eu disse que se trata de um estilo de vida. E é assim porque implica fé e valores por que mais ansiamos e que, por conseguinte, dão sentido à vida. A meditação implica estas certezas, comprovadas em nível do puro ser, de que elas se tornam tanto qualidade de vida quanto realidades redentoras em ação. Qualquer estilo de vida neste sentido é uma disciplina que requer perseverança. A meditação é um tipo especial de estilo e assim pede um tipo especial de disciplina. A meditação é a disciplina que nos ensina disciplina e requer uma fidelidade que nos ensina como sermos fiéis. É assim porque é pura experiência. Por isso a conversão moral de todos os aspectos da vida acontece como um resultado desta pura experiência.

Como adentramos nesta pura experiência em profundidade e com clareza? Nós o fazemos pela disciplina do mantra. O mantra é uma forma simples e tradicional que nos leva para além dos pensamentos e imagens. É tão simples como você mesmo pode constatar quando o pratica pela primeira vez. É muito difícil, porém, acreditar que sua característica mais persuasiva será sempre justamente esta difícil simplicidade. Você precisa continuar voltando ao mantra continuamente durante a meditação, tão logo perceba que tenha parado de dizê-lo. Mas você vai perceber que a sua consciência pode emergir de repente na superfície dos pensamentos e imagens até mesmo quando tiver decidido permanecer fiel ao mantra. Continue a dizer o mantra. Não importa que pensamento venha à mente, seja ele interessante, bom ou mau, que cenas ou imagens passem pela tela da consciência. Também não importa quantas vezes você inconscientemente se esqueceu disso e foi surpreendido pelo arquivo de sublimidades e trivialidades que contém a consciência mental. Não importa até mesmo se você se sente desanimado e tem a sensação de que todo o empreendimento é fútil. É como caminhar. Se quer chegar, não pare. Continue colocando um pé adiante do outro. Ou, como natação, continue dando uma braçada depois da outra.

A outra face da disciplina é meditar todos os dias. Isto é, acima de tudo, o que a torna um estilo de vida ao invés de somente uma técnica para uma experiência rápida. Meditar duas vezes por dia é um desafio e uma grande disciplina de vida nova. Mas não há muito sentido em tentar fazer somente um pouquinho de meditação. Ela requer regularidade e estabilidade. Pode levar algum tempo para formar esta disciplina em sua vida, então dê-se tempo o suficiente. Seja paciente com a sua impaciência. Mas lembre-se de que não há sentido em perder tempo, uma vez que tenha decidido começar. Selecione meia hora cada manhã e cada noite como se fosse um presente do tempo que estivesse doando a alguém, não como algo para sua própria satisfação e benefício. Veja como se fosse o dízimo do seu tempo.

O que faz da meditação uma pura experiência é que nela não há nada de segunda mão. Não é a experiência de mais ninguém. Você não está competindo com mais ninguém. Você não está competindo com São João da Cruz, Suzuki, Thomas Merton ou John Main, ou com qualquer pessoa que tenha vindo antes. Nem está se comparando com alguém. Por isso ela não é comparável ou mensurável. Por isso é sobre encontrar seu próprio eu. A única medida é a mais simples, a maior profundidade e intensidade da vida que vivemos. Os primeiros monges descreveram o mantra como o que leva à "pureza de coração" pelo caminho da pobreza de espírito. O coração puro vê a Deus, e este é o significado da felicidade e da bem-aventurança. A meditação é um caminho de alegria. A plenitude e a expansão do ser, que acompanha a alegria, são infinitamente maiores do que qualquer coisa que normalmente pensamos como felicidade. Para vivermos plenamente temos que aprender o que é a vida. Temos que descobrir o que realmente é plenitude de vida. É o que a meditação nos ensinará.

Ela nos ensina por uma mudança sutil, mas compreensível, da maneira como reagimos à vida. Esta é a conversão real. Então aprendemos a enxergar que a felicidade não é tanto fazer o que gostamos quanto gostar do que fazemos. Ela nos ensina que a medida da felicidade não é querer o que vemos, mas ver o que queremos. A pura experiência na meditação nos ensina que não é ver *algo* que vemos a Deus, mas é simplesmente em ver. Alegria é pura e clara percepção do que é, não distorcido pelo egoísmo e não distraído pelas preocupações. É uma grande reivindicação para a meditação, para o mantra, mas é algo que a experiência verificará pessoalmente, para qualquer um que se empenhar neste caminho.

> *Como está escrito: "O que os olhos não viram, os ouvidos não ouviram e o coração do homem não percebeu, tudo o que Deus preparou para os que o amam". A nós, porém, Deus o revelou pelo Espírito"* (1Cor 2,9-10).

CAPÍTULO XIII

A união dos opostos

A vida pode oferecer muitos tipos de sentimentos num período muito curto de tempo. Naturalmente tememos o desaparecer dos agradáveis e aparecimento dos desagradáveis. Tudo o que podemos assegurar, porém, é que eles são cíclicos. O ciclo das nossas emoções é conduzido pela direção da multiplicidade, da mudança e da fortuna. Um certo desapego, que não necessita ser uma insensibilidade fria ou puro estoicismo, é quase um inevitável companheiro do processo de amadurecimento dos primeiros (setenta e cinco ou mais?) anos da vida. Não precisamos olhar muito para as nossas emoções somente para articular o segredo do sentido da vida. Talvez o único sentimento com que deveríamos seriamente nos preocupar é o tédio. Se nos sentimos entediados, há algo radicalmente errado com a vida. Bloqueamos a corrente da experiência de um polo ao outro. A experiência é cheia de opostos. E o interesse fundamental da vida, de fato, a vitalidade da vida, é a mudança no enxergar os opostos como contradições para vê-los como paradoxos.

Enquanto eles são meras contradições, então conhecemos desarmonia e ansiedade e temos que administrar a vida como uma série de problemas. Vemos até a nós mesmos como um problema a ser resolvido. Assim como o processo de mudança de vida nos ensina como enxergar – e assim como viver –, começamos a transformar as contradições em paradoxos. Estes são opostos que se complementam, que nos equilibram e nos alcançam uma plenitude crível ao invés de respostas que não convencem. Começamos a ver a vida e a nós mesmos como um mistério a ser adentrado e não como um problema complexo a ser resolvido.

Um dos grandes paradoxos do crescimento, que explora o sentido da vida, é que o crescimento ocorre quando há uma combinação de opostos, por exemplo, enraizamento e expansão, quietude e movimento. Enquanto nós os enxergamos somente como contradições, parece que temos que decidir entre eles. Sentimo-nos como Salomão em julgamento sobre nossas vidas solitárias. Uma das formas essenciais em que crescemos e uma das coisas que não deveríamos evitar ou procrastinar é através da decisão. Cada dia nos apresenta um vasto número de decisões, algumas das quais tomamos automaticamente, outras agonizamos sobre elas. Ainda que evitemos estas decisões, tomamos uma decisão, uma decisão de não decidir, para evitá-las. Porém, ainda que seja importante aprender a decidir, é também importante deixar como está, permitir contradições para que se desenvolvam em paradoxos que dão vida.

As decisões são sempre importantes para dar forma à vida e revelar seu sentido, profundidade e qualidade. É como a decisão que tomamos para meditar. O problema moderno é que há tantas decisões a serem tomadas. Tantas opções possíveis estão abertas para nós e queremos tomar aquela, certeira e única decisão, para que sejamos verdadeiros conosco mesmos. Ainda que diante de um impressionante número de possibilidades de escolha, a verdade pode facilmente tornar-se trivializada. A verdade, que é ao mesmo tempo certa e apropriada, pode ficar reduzida a uma resposta num tipo de exame de múltipla escolha. O problema moderno sobre a decisão de meditar ou tomar qualquer outra decisão séria é que tememos perder as nossas outras opções.

Como podemos saber que a múltipla escolha "B" pode não ser tão boa quanto a "Z". Do mesmo modo, tememos imensamente, como pessoas modernas, que, se ficarmos totalmente comprometidos com um particular, perdemos o absoluto e universal que tanto buscamos e do qual temos tanta sede. Perdemos a sabedoria das sociedades e pessoas mais simples que sabiam que o universal é encontrado somente no particular e através do particular. Em nosso materialismo e em nossa decadência tornamo-nos tão mais abstratos. Mas a decisão de meditar é redentora porque nos ensina esta simples sabedoria de uma forma que sabemos crível, que é uma forma prática e experiencial.

A decisão de meditar nos ensina que nossa preocupação mais imediata não deveria ser com os resultados de nossa decisão. "O que vai acontecer como resultado da minha escolha deste particular, ao invés daquele?" Tal questão mostra uma preocupação altamente abstrata. Deveríamos nos preocupar menos com o que vai acontecer do que com o comprometimento que tomamos e persistimos na decisão. Deveríamos estar preocupados com a qualidade, a profundidade da fé.

Deveríamos também nos preocupar com a mais importante consequência que emerge de qualquer ato de fé, que é nossa perseverança naquela decisão. Perseverar em uma decisão é tão importante quanto tomá-la. A fé não tem sentido sem perseverança. Fé sem fidelidade é mera experimentação. O mantra nos ensina, na mais simples de todas formas e através da mais simples de todas as experiências, como tomar uma decisão corretamente. Ele nos ensina a sermos pessoas de fé. Talvez mais do que por qualquer outra coisa, é por isso que tem um efeito profundo em nossas vidas como um todo.

A meditação logo nos ensina que aquela perseverança não é o mesmo que obstinação. Não se trata de rigidez. A fé é sempre flexível, pois sempre busca ser verdadeira à mesma decisão em diferentes circunstâncias. E onde entra a justiça? Se estamos tomando a decisão no sentido correto, então será a decisão justa. Se o estamos fazendo fielmente, e isto significa perseverar nela, então podemos estar certos de uma coisa, com a certeza da fé, de que a raiz daquele ato de fé levará ao crescimento. Não precisamos tentar profetizar o que vai acontecer como um resultado de uma decisão, porque as circunstâncias da vida passam por uma mudança, uma vez que tenhamos tomado tal decisão. A coisa mais criativa e significante que podemos fazer na vida é tomarmos decisões de fé. As circunstâncias mudarão como o tapete da realidade que continua a desenrolar-se. A realidade sempre nos surpreende, mas sempre com o que chegamos a ver como eventos reconhecíveis ou qualidades. A iluminação é um voltar para casa. A realidade não é convencional, mas estabelece verdadeira ordem. A decisão de fé muda as circunstâncias da vida, assim como o autoconhecimento muda a pessoa que somos. Quando conhecemos a nós mesmos, então não somos mais a pessoa que éramos. Quando estamos vivendo na realidade, e não mais no medo, no desejo ou na fantasia, estamos numa nova criação.

É sempre a mesma fé que estamos exercitando, a mesma qualidade pessoal inata de humanidade. Há diferentes formas para expressá-la, mas é sempre a mesma fé que procede do mais profundo centro de identidade pessoal e fazendo cada vez mais a pessoa que somos. O comprometimento com as consequências de uma decisão e a perseverança no ato primeiro de fé nos levam à transformação progressiva. A grande transformação é a mudança de nosso *self* em níveis mais altos do ser. Queremos sempre mudar o exterior, mas o mais importante é mudar a nós mesmos.

O crescimento que resulta destes atos de fé, estas múltiplas expressões de um único ato de fé na vida, não está somente relacionado com o ambiente no qual nossa identidade se desenvolve. Está relacionado com a essência de quem somos nós. Em todos os lugares no Evangelho a mensagem mostra claramente. É pela fé que você é salvo. É a fé que o torna pleno. A tua fé te curou. A fé move montanhas. Uma maneira essencialmente cristã de compreender o mantra é como um puro e simples ato de fé. É como uma âncora que nos conserva firmes por entre as tempestades do crescimento. É como a estrela do norte, o ponto fixo que permite que sigamos um curso verdadeiro. É também como o remo do barco empurrando-nos para frente junto com a corrente, com a maré; nosso espírito encontrando e cooperando com o Espírito de Deus.

Podemos nos perguntar no que estamos crescendo. A quê este processo de conversão está nos levando? Para que serve esta transformação? O Evangelho nos diz que é em Cristo que estamos crescendo, mudando e sendo transformados. "A vida que vivo não é mais minha própria vida, mas a vida que Cristo vive em mim." Esta é a vida que vivemos, pela fé, em Cristo. A transformação de identidade ocorre através da perda do ego, de nosso apego à separação e nossa recusa à humanidade. Nosso despertar é a não dualidade de nosso relacionamento com Cristo.

A psiquiatria moderna entende a plenitude como a união dos opostos. Ela nos ajuda a compreender de uma forma que, como pessoas modernas, achamos crível, o que é plenitude, e a ver a santidade como o despertar daquele centro pessoal no qual estamos plenamente presentes em nosso próprio centro de gravidade. Ser pleno é estar consciente naquele centro do ser em que todos os extremos da personalidade estão equilibrados. De qualquer lado do espectro, podemos iniciar a jornada da meditação; estamos sempre nos movendo na direção do centro. Esta direção e objetivo comum explicam a comunidade universal do espírito, e por que tantos tipos diferentes podem se encontrar enquanto caminham na direção do mesmo centro, partindo de diferentes pontos. A peregrinação explica o amor como a forma na qual a distância entre os pontos de partida é transcendida na unidade de propósito, que é estar junto ao centro do mais profundo dos centros, com Cristo. A meditação revela como a vida é "em Cristo", como vida centrada no outro, aberta ao outro e, assim, ao paradoxo essencial, que é somente por estar enraizado no outro que podemos estar plenamente vivos.

O mistério de Cristo que vive em nós é que isto nos possibilita experienciar Deus nos outros. Isto nos abre talvez ao aspecto mais surpreendente da realidade, também ao mais reconhecido como alegria, de que encontramos a mais profunda alegria, não numa busca egoística de Deus, mas buscando os outros encontramos a Deus. Seremos mais livres e mais plenos quando nos alegramos com o crescimento e com a plenitude dos outros. A experiência contemplativa é assim a geradora da experiência da Igreja como é descrita pelas suas mais antigas testemunhas:

> *Portanto, pelo conforto que há em Cristo, pela consolação que há no amor, pela comunhão no Espírito, por toda a ternura e compaixão, levai à plenitude minha alegria, pondo-vos acordes no mesmo sentimento, no mesmo amor, numa só alma, num só pensamento, nada fazendo por competição e vanglória, mas com humildade, julgando cada um os outros superiores a si mesmo, nem cuidando cada um só do que é seu, mas também do que é dos outros. Tende em vós o mesmo sentimento de Cristo Jesus* (Fl 2,1-5).

CAPÍTULO XIV

Dom

Quem quer que deseje que sua vida seja plenamente viva, plenamente humana, precisa ter um caminho espiritual. Precisamos de uma disciplina espiritual que possa ser integrada à vida diária como uma prioridade central. Uma exigência de qualquer disciplina é que você seja regular em sua prática. Mas vivemos uma vida cheia de irregularidades, cheia de eventos imprevisíveis e instabilidade de humor. Um dia você se sente muito espiritual e meditar é a coisa mais fácil do mundo; no outro dia você só quer assistir à TV ou ir às compras. Então há as coisas imprevisíveis que acontecem, não somente seu humor, mas mudança de planos, crises, ou alguém chegando para visitá-lo numa hora errada. Então parece muito difícil viver uma vida comum e manter uma disciplina espiritual regular. Os mosteiros somente existem porque a irregularidade da vida torna a disciplina espiritual tão difícil. Quando estão se sentindo humildes, os monges reconhecerão a si mesmos, ao menos em parte, como pessoas que não poderiam viver a vida espiritual de outra maneira. Mas a sua fraqueza faz deles grandes testemunhas do que todos deveriam fazer: viver com Deus como centro de sua vida tanto quanto de sua ideologia.

Algumas vezes, durante o ano, a falta de regularidade aumenta e tudo parece mais confuso do que o normal. As pressões aumentam e é muito provável, embora não necessariamente, que a primeira coisa que fique de lado seja a sua disciplina espiritual. Estas ocasiões são muito úteis para testar a seriedade do compromisso espiritual em sua vida. O Natal, por exemplo, é um tempo do ano em que, acima de tudo, deveríamos estar conscientes da presença do Espírito. Todo o significado do Natal, a vinda humana de Deus em Jesus, é o que deveria nos deixar mais conscientes da Presença em meio à rotina e às preocupações mais comuns. É um tempo do ano, porém, quando o desafio da disciplina da meditação diária pode revelar muito sobre quão firmes estamos em nossa peregrinação.

O Natal é também um tempo do ano em que deveríamos nos tornar mais profundamente conscientes do dom da meditação. Podemos saber que há um caminho espiritual a seguir, podemos querer segui-lo profunda e seriamente; é um grande dom termos recebido este caminho para seguir. Para compreender a meditação como um dom, talvez a melhor maneira é ser fiel à disciplina que ela nos pede. A disciplina é a de meditar todos os dias, mesmo no Natal, até mesmo na noite de Natal.

É um tempo do ano em que somos encorajados a doar. Ou, de preferência, é um tempo do ano em que somos encorajados a comprar para que possamos dar. Porém, não é somente em dar que somos generosos. Se estamos comprometidos com a disciplina espiritual, temos um dom valioso a *receber*, receber mais e mais generosamente. Somos generosos na maneira como recebemos tanto quanto na maneira como damos. Com o dom da meditação temos um grande meio de nos ajudarmos a evitar que nos tornemos absorvidos no comercialismo de uma sociedade consumista que chega no seu pico neste tempo do ano que foi uma vez religioso. É-nos dada a oportunidade, ao recebermos este dom espiritual, de refletirmos na natureza da existência, como um todo, como puro dom.

Ver a vida como uma realidade espiritual requer mais do que reflexão e pensamento; requer uma certa profundidade de experiência. No fim, somente a experiência persuade. Tornar-se enraizado na experiência do dom é um pré-requisito para qualquer despertar espiritual. E, para estar enraizado nele, precisamos ver ou experienciá-lo mais do que uma vez. Precisamos voltar a ele regularmente e fielmente. A repetição e a impossibilidade de repetir qualquer coisa exatamente do mesmo jeito estão no coração da verdade da religião. Por isso a religião está mais próxima das verdades mais profundas do ciclo da vida das pessoas do que política, filosofia ou economia. A repetição religiosa é o sentido da regularidade da meditação. Cada vez que retornamos a ela, não importa o humor, não importa a intenção, estamos nos enraizando mais profundamente na realidade do espírito.

Quando pensamos sobre os dons que recebemos, a mente normalmente aponta para as coisas que "me fazem feliz" agora, as coisas que eu quis e que, por habilidade ou sorte, acabei adquirindo. Mas isto é muito superficial. Não se trata somente do que nos é dado ou ganhamos, ou tudo o que acontece por sorte que é dom, mas é quem nós *somos*, o fato preciso de que realmente somos. Esta é essencialmente a natureza do dom: a existência em si mesma. Este é o dom que realmente precisa ser experienciado, o ato de dar, a graça, o dom do ser pessoal.

Sempre que recebemos um dom, ou temos a sensação de que somos receptores de algo não merecido, a resposta natural, se estamos abertos a ela, é agradecer àquele que dá. Mas como se agradece àquele que dá a capacidade de ser agradecido? Quanto maior o dom, mais sem palavras a nossa gratidão. Agradecemos ao doador do dom do ser, sendo. Sendo quem nós somos, permitimos a nós mesmos nos tornar a pessoa que somos chamados a ser. A prática regular da meditação abre o centro do ser pessoal a um espírito de gratidão, de alegria. A alegria de ser é o fruto do enraizamento na experiência do ser como dom; e aquela raiz de gratidão despegada vai ao chão mais profundo do nosso ser.

Nós a chamamos de reverência, respeito e admiração. A raiz da ação de graças vai infinitamente mais profundo do que os elementos imprevisíveis e irregulares da vida. É mais profunda do que os humores ou eventos. Ela mergulha a consciência em direção ao chão firme no qual a vida, com todas as suas flutuações, está construída. A meditação libera uma confinada energia de alegria, que um cristão poderia chamar de eucaristia ontológica da oração. A meditação não usará uma varinha mágica sobre as coisas da sua vida, das quais você gostaria de livrar-se. O que ela faz é aprofundar a base sobre a qual você vive sua vida. Saber que somos dons para nós mesmos (e para os outros) é experiência de oração, e é a que nos leva para além de nós mesmos. Pode soar egocêntrico enfatizar este conhecimento de nós mesmos como dons para nós mesmos. Mas se realmente adentramos nesta experiência, então veremos que estamos, já, indo para além de nós mesmos. Antes de sabermos onde estamos, estamos indo para além da autoconsciência em direção ao conhecimento da pessoa que confere o dom. Conhecermos a nós mesmos como dom é o início da experiência de Deus.

Quando esta experiência tiver começado, ela começará a reestruturar todo nosso sistema de valores, porque bem no centro deste sistema, que decide como realmente vivemos, há agora o conhecimento e a experiência do dom. Não podemos ser possessivos com o dom. Se tentamos possuí-lo, ele deixa de ser um dom e passa a ser uma possessão. Se aceitamos um dom e o conservamos de modo reverente, como algo não merecido e grandioso, tornamo-nos tão livres como o dom em si mesmo. Pois a maior qualidade de um dom é que ele media sua própria liberdade para nós; quando aprendemos como receber, tornamo-nos não possessivos em todos os aspectos e relacionamentos. Aqui está uma das razões por que o fruto mais importante e mais duradouro da meditação não será encontrado no que acontece durante o tempo da sua prática. O fruto real que você notará será através dos relacionamentos e um novo senso de presença e de propósito. Será das pessoas com quem você se relaciona que saberá mais claramente o que está acontecendo em você.

O maior dom é que somos capazes de conhecer a nós mesmos como dom e, por conseguinte, conhecer o Doador. Jesus chama este dom a experiência do Reino, e Ele o descreve como um tesouro escondido no campo ou uma pérola de grande valor. Uma vez que vislumbramos este tesouro, este tesouro escondido, então estamos preparados para vender tudo o que possuímos para aproveitá-lo plenamente. É isto que fazemos quando meditamos. Desistimos de tudo que temos, para sermos tudo que *somos*. Dizer o mantra é precisamente um abandonar de tudo que tivermos adquirido de qualquer maneira, de tudo que ainda queremos adquirir que ainda está presente em nossos desejos imaginativamente. É o abandonar das posses que nos possibilita receber e aproveitar o dom. O trabalho do mantra é o de pôr em evidência o dom.

O trabalho e a fé são necessários para desenterrar e tornar conhecido o tesouro enterrado. É importante para nós, se nos aproximamos da meditação seriamente, compreendermos a oração como trabalho, um trabalho real de nosso espírito, no Espírito. Mas é um tipo de trabalho curioso porque a maioria dos trabalhos a que estamos acostumados nos cansam, quando o trabalho do Espírito renova, energiza e nos refresca. Não significa que, porque ele nos refresca, então não é trabalho. Pode ser maior o trabalho quando ele mais nos refresca. Dizer o mantra não é fácil – o abandono dos pensamentos, dos desejos, de todas as fantasias, problemas e ansiedades. É um abandono de tudo. E isso não é fácil porque, ainda que não nos apeguemos a eles, eles muitas vezes se apegam a nós.

O mantra torna possível que cheguemos àquela total simplicidade de sermos humildes e agradecidos, no acolhimento do supremo dom da vida e da consciência. Às vezes temos que cavar através de muito entulho, pelos depósitos do passado, camadas de repressão e ilusão, e por grandes quantidades de distração que são geradas não somente por nós, mas também inconscientemente absorvidas de tudo que está a nossa volta. Mas recuperar o dom--experiência, encontrar este tesouro escondido em nosso próprio campo interior, é um trabalho de cura.

Através deste trabalho reentramos em um estado de inocência. A inocência é belamente simbolizada pelo dar e receber de um dom numa experiência de reciprocidade direta, em que não estamos preocupados em analisar nossos sentimentos ou o que a outra pessoa está sentindo. Não estamos complicando mais a complexidade, mas descobrindo aquele primeiro estado de inocência com o qual tomamos parte de eventos, lugares e pessoas direta e despreocupadamente. A maneira de chegar àquele estado feliz é dizer o mantra com fidelidade real. Os primeiros monges diziam que se você soubesse que estava orando, então você não estava realmente orando. O que eles queriam dizer com isso é algo muito difícil para as pessoas de nossa cultura que gostam de saber todo o tempo o que estão fazendo e pensando, e que gostam de gravar a experiência assim que ela acontece.

A despreocupação é uma ideia muito difícil, mas é o que a meditação autentica. Ser capaz de ir além das limitações impostas a nós pela autoanálise é como desamarrar a corda que nos mantém presos a uma estaca fixa. O mantra desata o nó com uma precisão aguda e rápida, e nos deixa soltos, a princípio, em um confuso universo de liberdade. O dom de ser é a razão pela aceitação do fardo de dizer o mantra continuamente durante o tempo da meditação. Sempre haverá uma tendência para voltar atrás, tentar experimentar a experiência ou tomar posse do dom. Mas se estamos dizendo e retornando ao mantra continuamente, transcendemos a tendência e entramos no estado da liberdade.

Pobreza de espírito, como o caminho à expansividade, é o que Jesus chamava de fixar a mente no Reino antes de todas as coisas, focando a pessoa toda no centro do ser. O mantra nos introduz ao paradoxo disso. É o paradoxo de que encontrar é impossível sem perder. Você tem que perder algo para encontrá-lo. Aceitar o dom é impossível sem o abandono. O mantra é o que nos torna capazes de encontrar e aceitar. Outra maravilha do grande dom que Jesus nos deu nele mesmo é o dom da paz. É aquela que confere liberdade ao invés do medo e, com a liberdade, somos capazes de ver e conhecer tudo, até mesmo a nós mesmos e os outros, como dons de Deus.

> *Eu vos deixo a paz, eu vos dou a minha paz. A paz que eu vos dou não é a paz que o mundo dá. Não se perturbe o vosso coração. Não tenham medo* (Jo 14,27).

CAPÍTULO XV

O dom da plenitude

Até mesmo quando alguém medita somente por um período pequeno, ele ou ela logo descobre que a meditação é mais simples do que parece, mas não tão fácil. Às vezes fico intrigado com o fato de que seria melhor se a meditação pudesse ser mais complexa, então poderia ser mais fácil. Mais fácil para iniciar e para perseverar. Mas realmente é a simplicidade da meditação que é sua grande força. A força que a fé emana é o poder de nos simplificar e nos levar àquela unidade que todos nós mais buscamos. A unidade nos dá a experiência primeira e mais necessária de plenitude. Suponho que todas as experiências nos níveis das emoções ou do conhecimento são caracterizadas pela impermanência, mas uma das que duram menos é a da completude. Conhecemos, de maneira muito rara e breve, a plenitude, a totalidade do ser, um senso integrado de bem-estar, harmonia e equilíbrio quando todas as nossas necessidades estão satisfeitas e todos os desejos que nos incomodam são esquecidos. De todos os momentos, talvez estas sejam as experiências mais passageiras da vida. Normalmente elas nos acontecem de maneira muito inesperada. Elas são imprevisíveis e normalmente têm muito pouco a ver com os nossos desejos mais imediatos. De fato, a natureza de tal alegria logo leva a suspeitarmos de que a realização dos nossos desejos não corresponde de maneira nenhuma a uma experiência de plenitude. A simples satisfação não leva tão genuinamente à plenitude quanto aquelas ocorrências imprevisíveis de puro dom.

Quando conhecemos esta plenitude, quando por uma incrível sorte tudo parece fazer sentido (embora a sorte nunca explique adequadamente o que ela seja e dentro dela haja sempre um sentido e propósito maior), redescobrimos uma nova inocência. Uma claridade e simplicidade do ser – que faz com que toda a nossa complexidade anterior pareça absurdamente irrelevante – de repente impera. Toda ansiedade e esforço em obter a plenitude ficam redundantes e irrelevantes. O que reencontramos, em um nível mais alto de maturidade, é a característica perdida da criança. Mas essas experiências de plenitude são passageiras, e quanto mais tentamos segurá-las, mais rápido se esvaem. Esta é uma verdade que talvez já tenha sido descoberta em relação à meditação em particular. Algumas vezes, nos primeiros estágios de aprendizagem da meditação, você pode encontrar-se num estado de profunda paz, um senso de completude, calma, bem-estar e alegria. Em um milésimo de segundo depois de notá-lo e experienciá-lo, você começa a imaginar quanto tempo tudo vai durar. E então tudo acabou. Se você tenta revivê-lo pela lembrança, isso somente o empurra para mais longe. Tudo isso é uma lição muito valiosa de como cada experiência de completude é pura graça, puro dom. Nós, de nossa parte, devemos aprender como recebê-la generosamente. No momento em que o ego tenta encobri-la com a sua rede de apropriação, somos pegos nesta mesma rede e nossa liberdade amorosa desaparece. Quanto mais tentamos repetir estas experiências, mais raras elas ficam.

Aqui a meditação focaliza um dos elementos mais universais da vida, que é nosso senso mais ou menos constante de incompletude. Muitas vezes pode ser um senso vago de algo perdido ou que esteja faltando, uma expectativa ou algo que há muito esperamos. Tanto melhor quando deixamos indeterminado do que projetá-lo em fantasias pessoais de felicidade. Muitas vezes tentamos escapar a sua presença insistente identificando-o com algum desejo ou ambição superficial. Caso aconteça de conseguirmos satisfazer tal desejo ou realizar tal ambição, logo descobrimos que ele não satisfaz nosso desejo mais profundo. Não corresponde àquele senso estranhamente esperançoso de incompletude. Quando corremos o risco de sermos mais conscientes ou damos tempo para que emerja uma necessidade mais profunda, imediatamente colocamo-nos à margem das forças convergentes de nosso estilo de vida pessoal e cultural, que estão sempre nos ameaçando com distrações, ilusões e *stress*. Se estivermos tranquilos o suficiente para encararmos a nós mesmos acima de tudo, devemos encontrar esta incompletude.

Um dos grandes problemas da vida moderna é justamente quão intensa pode ser a dor deste perene senso humano de incompletude. A razão disso é que a área do *self* correspondente às necessidades é cruelmente manipulada e explorada pela sociedade de consumo, aprisionando a todos, ricos e pobres, uns mais, outros menos. Alimenta-se, de maneira demoniacamente impessoal, das necessidades das pessoas. Sua ganância econômica quer e trama manter-nos todos em um estado permanente de incompletude e de apetite estimulado. Não é irrelevante que a propaganda, a máscara sorridente deste demônio, explore tanto a imaginação sexual com os símbolos dos nossos mais vulneráveis desejos de completude. O senso moderno de incompletude tem sido intensificado por tal exploração porque nossas experiências de plenitude têm se tornado tão raras. Estamos agora muito despreparados para as situações delicadamente simples nas quais o dom da plenitude acontece. Somos tão complexos e preocupados que nos falta a espontaneidade, a sagacidade inocente, para reconhecer ou reagir quando o momento da graça chega. Somos tão céticos que raramente confiamos no dom ou no processo de simplificação que conduz ao dom. Se não é por outra razão, este é o porquê de ser tão vital para as pessoas hoje em dia aprenderem a meditar.

Há uma história da Irlanda Ocidental que revela as dificuldades do autoconhecimento. É sobre um fazendeiro simples que vivia em uma ilha remota, e que navegou para a cidade certo dia. Lá, em uma loja, ele encontrou um espelho que era algo que nunca tinha visto antes. Pegou o espelho, olhou por ele e viu sua face. Não sabendo o que era, disse: "Meu Deus, é o retrato de meu pai!" Assim ele comprou o espelho e o levou consigo para casa. Não queria que sua esposa visse e o guardou escondido. Mas ocasionalmente ela o espreitava olhando secretamente este objeto. Ela tinha certeza que era uma rival das suas afeições, alguma outra mulher que ele havia encontrado na cidade. Assim, um dia, quando ele estava fora, ela mexeu na sua caixa e descobriu onde ele tinha escondido o espelho. Ela olhou no espelho, viu a si mesma e suspirou com alívio: "Quem é esta bruxa velha e feia? Não há competição aqui!" Então guardou o espelho do autoconhecimento duplamente malcompreendido.

Raramente reconhecemos a nós mesmos quando nos vemos como realmente somos. Chegar ao autoconhecimento é mais exigente e requer mais discernimento do que simplesmente olhar a superfície e reagir a uma imagem de nós mesmos. Para a completude é essencial que cheguemos ao autoconhecimento. A tradição cristã sempre tem insistido que devemos nos conhecer antes de chegarmos ao conhecimento de Deus. Santo Agostinho rezava: "Que conheça a mim mesmo para que eu possa conhecer a Vós". Para que conheçamos a nós mesmos, simplesmente temos que aprender a *sermos* nós mesmos. Isto inclui nossa incompletude, nossa desconfortável semelhança com os outros e nossas cicatrizes peculiares. A aceitação de nós mesmos tal como somos nos torna capazes do dom da plenitude. Acima de tudo, na meditação, estamos aprendendo a não julgarmos a nós mesmos como sucessos ou fracassos em comparação com tal pessoa, tal imagem social ou idílio comercial, mas simplesmente sermos quem somos.

Como a meditação realiza este mais simples e mais importante de todo empreendimento humano? Ela o faz colocando-nos firmemente no momento presente. Ensinando-nos a sermos *agora*, ela nos ensina a sermos somente nós mesmos. Leva um tempo para aprendermos a ser agora. Mas, aprendendo nos dois períodos de meditação diária, levamos esta habilidade para o resto de nossas vidas. Um fruto da meditação é aprendermos a estar cada vez mais presentes em cada ação e situação. Neste caminho sutil, mas integrativo, a meditação muda a sua vida. A primeira coisa que ela ensina é parar de pensar no passado ou no futuro, de fato, parar de pensar completamente. Ela o faz quando aprendemos a dizer o mantra com toda a atenção do coração, desde o centro de nosso ser.

O mais importante de tudo é compreender a centralidade do mantra. Não há técnicas de qualquer significância real para aprender na meditação. A única coisa a aprender é dizer o mantra tão fiel quanto continuamente pudermos, do início ao fim de cada meditação. A meditação conduz à plenitude, ensinando-nos que não nos completamos a nós mesmos. Nenhuma habilidade, aquisição, conquista ou posse pode nos completar. A meditação é a portadora da grande e universal sabedoria espiritual de que não encontramos esta completude tão almejada pela aquisição de algo, mas pela perda de algo. Perdemos e crescemos para além do ego com toda a sua complexidade e possessividade, no simples dizer da palavra. O mantra corresponde ao ensinamento essencial de Jesus de que aquele que quer encontrar sua vida, deve perdê-la.

Na visão cristã, pelo abandono, movemo-nos na direção da plenitude de Jesus. Sua vida ressuscitada está plenamente presente no seu Espírito dentro de nós. O caminho da meditação está aberto a todos, pois todos são agraciados por este Espírito de plenitude. Cada ser humano é o mesmo no caminho da meditação e cada ser humano é chamado à plenitude. Esta é a verdade essencial do Evangelho:

> *Assim alcançamos todos a unidade da fé e do pleno conhecimento do Filho de Deus, o estado de Homem Perfeito, a medida da estatura da plenitude de Cristo* (Ef 4,13).

CAPÍTULO XVI

Tração e distração

No início de algo novo, como um novo ano, um novo emprego ou um novo estilo de vida, todos precisamos de um apoio pessoal. Uma boa maneira de apoiarmos uns aos outros a sermos fiéis ao sempre-novo caminho da meditação é conversar sobre o que nos desencoraja.

Um dos desencorajamentos é vermo-nos como menos generosos, menos amorosos, menos caridosos do que gostaríamos e deveríamos ser. Um outro ponto é a persistência das distrações em que nos encontramos, particularmente durante a meditação, ainda dispersa e desfocalizada. São Paulo sabia que o grande valor da comunidade está em dizer a verdade uns aos outros e encorajar-se mutuamente no caminho do crescimento. Fala das maneiras com que podemos ordenar nossa vida quando escreve para a Igreja de Corinto:

> *Digo-vos isto em vosso próprio interesse, não para vos armar cilada, mas para que façais o que é digno e possais permanecer junto ao Senhor sem distração* (1Cor 7,35).

A experiência da distração é muito peculiar a nós, pessoas da vida moderna. Todos que têm tentado seguir o caminho de Cristo, assim como todos que tentaram meditar, descobriram a distração. Perseverando no caminho, algumas vezes podemos passar pelo que se parece com deprimentes esforços sem fim que não são nada mais do que distrações. Tentamos nos concentrar, sentamo-nos com a intenção de dar total atenção ao mantra. Mas apesar da boa intenção, apesar de ter tentado fazê-lo centenas de vezes anteriormente, ainda assim deixamo-nos levar pela imaginação. É como tentar segurar algo com uma mão em que os músculos estejam muito fracos. A atitude prática mais importante que temos que aprender para permanecermos fiéis à meditação é como lidar com as distrações, pois elas serão certamente companheiras constantes.

Inicialmente podemos tentar lidar com elas suprimindo-as, como se estivéssemos usando o mantra para silenciá-las a força. Tentamos forçar os portões do reino. Mas assim que prosseguimos, e o ensinamento de sua simplicidade e sabedoria de delicadeza começa a ser aprofundado em nós, aprendemos que as distrações são melhor trabalhadas se *não tentamos* lidar com elas. Isto significa permitir que o mantra lide com elas, e ele o faz com gradual e acumulativo efeito de sua influência de fé. Nunca vamos para além das distrações se dermos atenção ao seu fluxo. Aqui está a primeira das lições mais importantes que temos que aprender. Devemos parar de pensar em nossas distrações, parar de dar atenção a elas, pois isto só faz com que elas aumentem e intensifiquem sua influência. Para ir além delas, atravessar o chão de nossa consciência para chegar ao nosso destino, devemos prestar atenção somente ao mantra, em um constante aprofundamento da fé. E o aprofundamento desta fé é amor.

Este processo de aprofundamento conduz a níveis inesperados de autoconhecimento. Não são imaginados. Eles vêm a nós como mensageiros inesperados. Chegamos ao autoconhecimento da humildade não como um resultado de focar o intelecto ou de introspecção psicológica sobre o conteúdo da consciência, mas retirando a atenção da consciência para além de nós mesmos. Aprendemos mais eficientemente quando aprendemos indiretamente. Nisto, tanto quanto de outras maneiras pelas quais nos tornamos humildes, descobrimos leis naturais que nos surpreendem por serem mais eficientes do que os instrumentos mentais que pensamos ser os mais eficazes. O mantra, mesmo depois de muitos anos, ainda permanece como uma descoberta muito surpreendente.

Os primeiros estágios do autoconhecimento normalmente são percebidos como negativos. Reconhecemos nosso potencial pela experiência das nossas limitações. Mas este autoconhecimento negativo, conhecendo nossas *falhas*, nossos fracassos, nossas capacidades e talentos limitados, é somente um *estágio*. Isto pode envolver sofrimento. Pode até mesmo levar-nos ao encontro da grande tentação do desespero, no qual sentimos que não podemos progredir porque não podemos ser amorosos e não podemos ser mais atentos. Mas o que parece ser negativo, gradualmente, torna-se um autoconhecimento positivo, uma vez que o senso de limitação sutil e surpreendente transforma-se em consciência de nosso potencial em Cristo. As ideias e imagens de Cristo dão lugar a sua epifania como alguém a ser conhecido, amado e confiado; sentimos que sua realidade pessoal de fato existe. Nele, a limitação humana transcendeu a si mesma sem deixar de ser humano. Por conhecê--lo, tornamo-nos humanamente divinos. No estado de isolamento do qual Cristo nos libertou, olhamos para nós mesmos com a visão limitada do ego. Vemos somente limitações. Mas quando podemos ver a nós mesmos em Cristo, vemos possibilidades infinitas. Esta é a experiência que encontramos nas entrelinhas deste pensamento de Simone Weil: "que o único jeito de superar as nossas limitações é aceitá-las".

Se realmente encontramos a Deus num lugar além das distrações, este lugar é nenhum lugar e todos os lugares, pois é pura experiência. É o lugar do reino interior. Aprendendo a reconhecer o *locus* espiritual deste lugar, aproximamo-nos dele com um maior espírito de atenção, que combina mistério, liberdade e humildade. O efeito disso na vida diária é libertar as grandes forças da compaixão e da generosidade. A liberdade de esperar no Senhor, sem distrações, é o seu grande sinal. Então até mesmo a espera torna-se alegria; a esperança torna-se criativa e plena de sentido.

Aproximando-nos mais deste lugar de união, é o mantra que nos tira das distrações e nos conserva separados. A sensação de ser conduzido, guiado, de seguir e progredir é essencial à compreensão cristã do caminho. A palavra distração em si mesma diz algo sobre o caminho. É o oposto de "tração", que é a ação de atrair e puxar. Carrega o sentido do processo de adiantar-se, de movimento, pelo contato com outra superfície. Tração significa a força que uma roda deve ter em uma superfície para que possa girar. Se a fé é a força, Cristo é a superfície. A distração é a perda desta força; é a perda da direção para a consciência. É o cessar de ser levado para frente e o cessar de todo movimento real ou crescimento. É o início de um movimento sem direção e sem objetivo.

Todos iniciamos distraídos e este é o melhor caminho para compreendermos o pecado original. Mas a tração do mantra puxa a direção da roda para fora do seu curso. Ela devolve a direção focando a consciência, dando a ela direção e propósito. Este foco é como um reesclarecimento, uma nova percepção do mundo. No lugar de um mundo tridimensional de realidade limitada, percebemos o reino infinitamente dimensional pela iluminação que Cristo derrama em nosso coração e nossa mente.

Seguindo este caminho de integração, algumas vezes podemos sentir que estamos paradoxalmente nos desintegrando. A tração do mantra pode até parecer uma distração. Algumas vezes as pessoas dizem que poderiam concentrar-se em Deus mais diretamente sem preocupar-se com o mantra. Será que todo este esforço vale a pena? Tenho realmente que me esforçar tanto? Será que o Senhor exige tanto? Será que compreendi corretamente? Inicialmente tudo parece andar para trás e nossas reações não são confiáveis. Enquanto tudo está sendo ajeitado, podemos, algumas vezes, ficar confusos. Esquecemos que caminho deveríamos seguir, em que caminho estamos. Temos que apelar para nossa atenção. O processo de integração, unificação, simplificação exige perseverança. Sem isto não há caminhada. É uma perseverança composta de um vivo espírito de fé, uma energia que é sempre um mistério para nós, pois é a energia da graça, um dom além do nosso controle ou posse. Este dom da fé é o dom para perseverar em profundo amor e generosidade sempre maior.

Trata-se especialmente de fé na presença de Jesus. Certamente para muitos há a *crença* de que Ele está presente dentro de nós. Mas há também a fé que recebemos por estarmos, talvez inconscientes, em sua presença. A influência de sua presença em nosso ser, escondida, mas ainda assim objetiva, conduz à fé real de que Cristo é encontrado onde não há distrações. Lá, e com Ele, encontramos a Deus. O lugar além das distrações existe dentro de nós e o portão para ele está aberto. Esta é a boa-nova que temos que compartilhar com o mundo. Ele existe e está aberto dentro de nós, pois Jesus, aquele sem distrações, tem sua consciência absolutamente atenciosa a Deus e a nós simultaneamente.

Assim São Paulo pôde dizer, na Carta aos Coríntios,

> *que nenhuma criatura possa vangloriar-se diante de Deus. É por Ele que vós sois em Cristo Jesus, que se tornou para nós sabedoria proveniente de Deus; justiça, santificação e redenção* (1Cor 1,29-30).

CAPÍTULO XVII

O caminho e seus caminhos

O tempo mais forte que as pessoas podem passar juntas é aquele que é passado em silêncio profundo e confiante. Preparando-se para isto, o meditante torna-se cada vez mais familiar com a tradição espiritual que nos coloca no caminho do silêncio e expande nossa compreensão do seu significado. Na grande *família* espiritual dos grupos de meditação cristã, a tradição principal provém do monaquismo cristão, da linhagem beneditina. Mas essencialmente é uma tradição universal. Nenhuma ordem ou escola de espiritualidade pode reclamar propriedade do que o Espírito concede a todos por diferentes dons. Em toda grande *tradição* religiosa há o que é conhecido como um "caminho", que ensina o caminho do silêncio. Um caminho é um sentido coerente ou mais ou menos sistematizado do processo e um padrão de crescimento espiritual.

Este caminho é um sentido do padrão pelo qual passamos e tomamos parte em direção à total humanidade e a sermos a pessoa que deveríamos ser. Na China, este caminho é chamado de *tao*; no budismo, o Caminho Óctuplo; no judaísmo, a lei. No cristianismo, este caminho era originalmente chamado, muito simplesmente, de o caminho. E as primeiras comunidades cristãs chamavam-se a si mesmas de "seguidoras do caminho". O que é singular sobre o caminho cristão é que seu caminho não é uma coleção de mandamentos morais, verdades filosóficas ou éticas ou observâncias rituais. Não é uma coleção de leis, mas é um *logos*. Não é um conjunto de verdades filosóficas, mas uma *sabedoria*. Não é nem mesmo uma série de crenças religiosas, mas *fé*. As suas características mais especificamente religiosas o cristianismo desenvolveu depois do *breve* período da experiência direta da Ressurreição. Hoje tais características são herdadas e devem ser assimiladas antes de *chegarmos* àquela experiência direta.

Essencialmente, o caminho para um cristão é uma pessoa real. A verdade do caminho está totalmente incorporada na pessoa humana de Jesus. Assim, seguir o caminho é algo mais do que estudar um sistema religioso de crenças. Ser um discípulo do caminho é mais do que obedecer a certas leis morais ou religiosas. É toda uma forma de vida que não meramente cerebral, social ou legalista. Seguir o caminho, quando o caminho é uma pessoa, significa estar em contato plena e conscientemente com esta pessoa. São Paulo fala de união, de estar em Cristo, de "revestir-se de Cristo". Sua linguagem é de um amor apaixonado ao invés de observância fria. Podemos encontrar o Jesus que morreu, pois Ele é também aquele que voltou da morte e esta pessoa habita o coração de cada um de nós. Sua consciência humana habita em nós.

Seguir o caminho é encontrar e ser verdadeiro para com as consequências de ter encontrado esta consciência. Despertar para a plena consciência da mente de Cristo que habita em nós é algo realmente diferente de pensar sobre Jesus; muito diferente de pensar sobre o Deus que Ele revela. Despertar para a plena iluminação não é o resultado de pensamento ou da imaginação. Despertar para a consciência de Cristo é a iluminação ou o "segundo nascimento" que o Evangelho convida cada pessoa a experienciar plenamente. Não significa experienciá-lo através da experiência de outrem pela leitura, mesmo do Evangelho ou dos grandes clássicos espirituais, ou por estudar qualquer texto, livro de direção ou tratados sobre a oração. Mas ser um seguidor do Caminho *em* você mesmo, despertar para o Caminho *por* você mesmo. Todas as tradições religiosas falam desta iluminação como um despertar. Quando perguntaram a Buda: "Mestre, sois vós o todo sábio?", ele respondeu: "Eu sou aquele que está desperto". Quando Jesus ensinou seus discípulos a rezar, pediu a eles que ficassem acordados. Este é o ponto inicial comum de toda meditação. Despertar para a plena consciência pela mente de Cristo que habita nosso coração significa encontrar Cristo como a luz mesma. Ele não é somente o desperto, mas também o poder para o despertar.

Há uma urgência real em aprendê-lo, que não devemos recusar de experienciar a verdade disto, tentando definir o que todas estas palavras significam. A compreensão só fluirá plenamente pela nossa inserção na experiência de união. O que isto significa, dizer que a mente de Cristo habita em nós, somente pode ser conhecido quando seguimos o caminho e estamos despertos para ele. Se tentamos extrair o significado das palavras separadas da experiência de fé, *seremos* deixados somente com mais palavras. Este despertar é uma jornada, um caminho para a plenitude da vida. A distância entre o início e o final da jornada é a medida da fé. Ninguém pode chegar antes de ter iniciado o percurso. Assim, logo descobrimos que a chegada, a iluminação, não é cronológica, mas progressiva. É o caminho da realização, não da conquista. Quando tivermos realmente chegado, saberemos que nunca estivemos em qualquer outro lugar. Jesus expressava a si mesmo como um caminho e um meio dizendo: "Eu vim para que todos tenham vida e a tenham em plenitude". A maioria de nós vive uma vida muito incompleta e procura um caminho para desenvolver sua humanidade plenamente. Mas há o perigo de perder o Caminho para os caminhos, tomando uma coisa pela outra, se não somos guiados por uma tradição e um mestre.

A meditação é um caminho que segue o Caminho. É um modo de segui-lo da maneira mais simples, direta e pessoal, de fato a mais comum. Há um duplo problema que enfrentamos ao tentar seguir este caminho radicalmente simples para nos tornarmos despertos. O primeiro é a nossa tendência de adormecer. Não necessariamente física. Pois este é o perigo dos primeiros estágios da meditação, quando não estamos acostumados a ficar ao mesmo tempo alerta e relaxados, assim tendemos a cochilar quando não há nada para fazer de imediato e externamente. Mas há também o perigo de adormecermos espiritualmente, quando procuramos, por uma sessão de cochilos piedosos, aquele estado de fantasia e de sonhos devocionais, quando não estamos nem acordados e nem adormecidos. O maior inimigo da meditação, do caminho do despertar, é o sonhar acordado. A grande ilusão a ser evitada é confundir este estado de cochilo devocional e saturação religiosa com oração pura. Podemos melhor evitar tal ilusão enfrentando o outro grande problema, que é o obstáculo da distração.

Ao começar a meditar, podemos ficar chocados ao percebermos o quão distraídos somos realmente. Um pouco abaixo da superfície da consciência em nossa mente diária, de repente, descobrimos que estamos quase totalmente à mercê de pensamentos aleatórios, flutuando com a exuberância da imaginação, medos subconscientes, ansiedades e memórias. Quase não temos capacidade para nos concentrarmos, para ficarmos atentos neste nível abundante da mente. Descobrimos como a imaginação é incontrolável e excessivamente estimulada. Todos descobrem que é assim nos primeiros dias de meditação, e é bom que o descubramos o quanto antes. Não há caminho melhor que nos leve por estes níveis de distrações em direção ao reino dos despertos. É importante saber o quanto antes que ficaremos distraídos, porque não é uma experiência agradável. E é uma experiência que seremos tentados a negar ou evitar.

Não gostamos de sentir que estamos interiormente num tal estado de confusão, e é bem mais fácil voltar a sonhar acordado, ao cochilo piedoso. Aqui encaramos a grande disciplina e igualmente o grande dom da recitação contínua do mantra. Uma vez John Main disse que encontramos a Deus no lugar além das distrações. Aquele "lugar" não se encontra fora de nós. Não se trata de preparar um ambiente ideal ou encontrar a comunidade perfeita. O lugar está dentro de nós, o coração, pois "o Reino dos Céus está dentro de vós". Para encontrar este lugar, temos que nos conduzir pelos caminhos aleatórios da consciência em que parece haver somente as neblinas e tempestades das distrações. A saída é o caminho da meditação. Seu propósito não é explorar ou mapear os grandes territórios do inconsciente, mas perseverar no sincero compromisso em direção à pura consciência, a mente de Cristo. A meditação é um caminho antigo, uma tradição que remonta ao ensinamento do próprio Jesus sobre a oração e é primeiramente descrita em detalhe pelos primeiros monges. O desafio importante não é estudar os escritos da tradição, mas perceber o quão simples e prático é o ensinamento. A questão importante é prática, não o porquê, mas como. Como despertamos para aquele lugar além das distrações, onde encontramos Cristo, que é o Caminho para Deus?

A tradição nos fala disso como um caminho de silêncio interior, um caminho de absoluta simplicidade. Não é um caminho fácil, mas é possível para todos porque é tão simples e tão inocente quanto qualquer coisa que seja universalmente humana. O silêncio não envolve somente ficar quieto pelo não falar, cantar ou murmurar, pois é um silêncio interior. É importante praticar a quietude exteriormente, sentar-se fisicamente silencioso; mas a quietude real é, novamente, a interior. Chegamos àquela tranquilidade e silêncio da mente e do coração de uma maneira muito simples, repetindo uma palavra ou frase sagrada, o mantra, durante todo o tempo da meditação. A única outra disciplina essencial é meditar ao menos os dois períodos cada dia. Esta fidelidade regular e interior é um tipo de compromisso que o Caminho pede aos seus seguidores. Nesta tradição, dizer o mantra é, essencialmente e por propósitos práticos, o caminho da meditação.

O caminho da meditação é simples, mas o ato de fé que se faz na repetição do mantra e em meditar duas vezes por dia aprofunda-se na medida em que perseveramos. Uma nova profundidade de consciência, tanto mais clara quanto mais profunda, abre-se na medida em que fazemos o mesmo ato de fé a partir dos centros mais profundos de nossa personalidade.

Diga o mantra como um som. É um caminho quase absurdamente simples, mas a fidelidade a ele o levará através das distrações para o despertar, e para uma profundidade de paz e alegria que não se pode imaginar por estar além de todas as imagens. Quando você começa a meditar, nas primeiras semanas ou meses, provavelmente você se perguntará: "Por que devo seguir este caminho em particular? Deve haver outros tão bons quanto este e menos exigentes". Vivemos numa era de múltiplas escolhas e há cadeias de supermercados espirituais em todos os lugares. Novas e melhores marcas são produzidas constantemente para corresponder à procura de ensinamento espiritual. Não há caminho certo em uma mentalidade consumista. Só há mais caminhos. Mas se podemos escapar deste condicionamento cultural e ver o que realmente é a meditação, vemos que há somente um caminho, o caminho da pobreza de espírito e da pureza de coração, da compaixão e do perdão; e a perseverança é o único caminho de ser sincero a ele. Seguimos este caminho da meditação porque ele nos conduz ao Caminho. Nossa própria experiência, se começamos e perseveramos, nos ensina isto precisamente. Mas todos iniciamos por aceitá-lo na fé. Começamos na confiança. Começamos na fé. Continuamos na fé.

Interrogado pelos fariseus sobre quando chegaria o Reino de Deus, respondeu-lhes:

> *A vinda do Reino de Deus não é observável. Não se poderá dizer: Ei-lo aqui! Ei-lo ali! Pois eis que o Reino de Deus está no meio de vós* (Lc 17,20-21).

É por isso que meditamos, para compreendermos esta verdade.

CAPÍTULO XVIII

A abstração do materialismo

Leva menos tempo para explicar *como* meditar do que o *porquê* de meditar. Em qualquer palestra introdutória, a prioridade é explicar o "como" como sendo mais importante. Cada um de nós descobre como expressar o "porquê" de devermos meditar no próprio processo da meditação. Inicialmente, isto pede um certo ato de fé, um salto rumo ao desconhecido, embora não seja de todo desagradável. Mas sempre ajuda uma compreensão introdutória sobre o contexto para o qual somos convidados a fazer este ato de fé. Ao menos parte do contexto em que todos iniciam é essencialmente o mesmo para todos nós por causa da sociedade em que vivemos e do efeito que isto tem em cada indivíduo. Estamos acostumados a pensar a nossa sociedade como sendo fanaticamente materialista. Mas não estamos propensos a pensar sobre nós mesmos como materialistas, porque ninguém gosta de ser chamado de "materialista". Ainda assim devemos reconhecer que, de muitas maneiras, nosso estilo de vida, personalidade e hábitos mentais são condicionados pela preocupação excessiva da sociedade com o lucro, produtividade e eficiência.

É surpreendente, por exemplo, como encontramos tão poucas pessoas que estão felizes em seu emprego. Quando você pergunta à maioria das pessoas: "Por que faz este trabalho o qual acha tão indigno de você, tão vazio e que odeia tanto?", elas respondem: "Bem, eu tenho que fazê-lo. Tenho direito a certas coisas e devo trabalhar para consegui-las". Certa vez, um jovem trabalhador imigrante disse-me que, na prática, sua razão para fazer um trabalho que o estava levando à beira de um colapso físico e nervoso era o desejo por um videocassete, na época o último símbolo de *status* do consumismo. Mas, no fim, sua maior liberdade consistiria em escolher entre um Sony® e um Sanyo®. Cada um de nós gostaria de pensar que estamos acima de uma cultura materialista, com sua preocupação compulsiva com posses, dinheiro, *status* e sucesso. Mas todas as forças desta sociedade nos moldam, pois o materialismo segue uma política de sedução sutil e amplamente subliminar. Talvez sua grande decepção é que ele não seja de todo materialista. Embora nos acostumemos à superficialidade de criticar nossa sociedade materialista, ainda assim enfrentamos o grande perigo do grau de abstração a que chegamos. O curso curioso de uma sociedade materialista é "abstração" e o grau ao qual consequentemente vivemos em nossa cabeça somente, através da razão científica e da análise acadêmica.

Os que achamos serem os propósitos de nossa busca materialista não são muito reais ou substanciais. Eles são símbolos dos salários que recebemos, da casa em que vivemos, do carro que dirigimos, das roupas que usamos. Eles são símbolos de sucesso e conquista, ou de um certo grau de marginalidade tolerada, símbolos de identidade da massa. São abstrações do material e, assim, eles falham em satisfazer os desejos materiais que representam. Somente a realidade sólida, em que a mente e a matéria estão integradas, pode satisfazer plenamente. Sem tal integração, mesmo que cheguemos a estes símbolos, vemos que a insatisfação e a ansiedade aumentam. Eles são imagens, não realidade; realidade fotográfica e não realidade pessoal. O mesmo processo de abstração ocorre na maneira como nos relacionamos com nossa personalidade, não somente no papel social de pais, esposos, amigos ou professores, mas no modo como conhecemos nosso eu interiormente. Onde há abstração, há também alienação. Quando abstraímos e desmaterializamos algo, nós nos distanciamos desse algo. Nós o objetivamos e o olhamos de longe. Rompemos o delicado fio que une toda realidade externa ao universo interior da consciência. Empatia e compaixão, tanto quanto a consciência de sermos uma parte integral da criação, depende desta união sutil de consciência e matéria.

É da essência do ser humano que sejamos comprometidos buscadores do nosso eu interior em um mundo em que nos sentimos em casa. A vida é então um processo em desenvolvimento e expansão. Estamos de fato todos buscando por nosso eu. Não importa o quanto absorvidos parecemos estar em nosso materialismo míope, estamos buscando a verdadeira e extensa identidade própria, e sabemos que a busca somente será concluída se encontrarmos a fonte da criação. Na sociedade moderna, com seus grandes poderes de abstração, uma forma de psicologia espiritual tem se tornado uma grande indústria. Métodos, jogos ou técnicas de autoconhecimento, autorrealização e autodescobrimento são, porém, muitas vezes, uma busca fútil que não leva mais longe do que às imagens a mais do *self*. Quanto mais cerebral e abstrato, mais leva para um pior senso de alienação. Até mesmo os métodos físicos desta indústria são cerebralmente controlados e levam ao desequilíbrio. É ruim o bastante estar alienado da sociedade, do ambiente e das pessoas com quem vivemos. Mas quando estamos alienados de nós mesmos temos uma crise maior. Os poderes naturais da autorregeneração ficam enfraquecidos. O que encontramos na busca materialista de nosso verdadeiro eu é frequentemente só uma abstração do *self*, uma imagem de uma realidade distante, a ideologia de alguém.

Muitas das buscas modernas por individualidade e identidade são conduzidas com a ajuda de sistemas. Sistemas intelectuais complexos que expressam padrões cerebrais ou psicológicos são muitas vezes simplificados, empacotados e popularizados. Estão organizados em torno de uma estrutura de tipos de personalidade. Quando nos aplicamos este sistema por nós mesmos ou por outrem, normalmente com certo custo financeiro, podemos constatar que estamos sendo classificados e categorizados. Ao final do processo, podemos sentir, e é suposto que sintamos, um momento estimulante de autoconhecimento. Temos um rótulo pelo qual o sistema nos diz que número ou tipo somos ou quais as combinações particulares de tipos a que pertencemos. Mas é uma experiência curta. As letras ou números que nos dizem sobre nós logo começam a desbotar em seu poder de dizer *quem* somos nós e assim superar o senso crítico de autoalienação. A espiritualidade materialista oferece um autoconhecimento que logo se expõe como falso, superficial ou até mesmo outro tipo de autodecepção.

A meditação é um caminho espiritual. Não é um sistema materialista. Não está preocupada com lucro, produtividade, eficiência ou definições. Não é um sistema cerebral porque não trabalha com análises ou comparações. Mas é um caminho. A meditação é um caminho que o ser humano como um todo está buscando. A convicção de que é o mais simples, o mais humilde, o mais verdadeiro e o caminho mais direto para o que todos estamos buscando, torna-se a razão pela qual perseveramos. Supera a autoalienação porque é um caminho para a verdadeira individualidade. É, de forma sinônima, um caminho para Deus.

Autoconhecimento e experiência de Deus abrem-se juntos e um para a outra. É vital, se temos qualquer visão espiritual da vida, estar numa jornada que seja um verdadeiro caminho de autoconhecimento, pois somente este caminho levará a Deus. É um caminho no qual deixamos o egoísmo ou a individualidade incompleta para trás; o egoísmo que tenta controlar e monitorar o processo do autoconhecimento. A consciência egoísta é a moldura da mente em que reverenciamos a nós mesmos como o centro objetivo da realidade. Quando meditamos a verdade de que não somos o centro da realidade, deixamos para trás o estado de egoísmo ilusório e doloroso, passando pela experiência do crescimento na alegria plena de ser.

Como fazemos a transição do egoísmo autocentrado e autoconsciente para a plenitude do ser e da verdadeira individualidade? Muito simplesmente, é a resposta. Muito silenciosamente. Muito tranquilo. A quietude nos leva à consciência da plenitude, à integração do corpo e mente no espírito. Não é um caminho para analisar ideias, sentimentos ou ansiedades. Certamente nos sentamos para meditar a cada manhã e noite com nossa parte nos problemas do mundo, nossos complexos problemas pessoais, mas este não é um tempo para refletir, resolver ou rever os problemas. Deixe para trás as ansiedades é o conselho de Jesus como mestre da oração. Isto parece fácil, e é absolutamente simples. E assim é possível se podemos confiar. Qualquer coisa tão simples é possível se somos fiéis. Não se preocupe com os seus assuntos; tente colocar de lado os livros da sua vida. Diga o seu mantra. Se notar – e muito provavelmente irá notar – que está distraído, simplesmente, humildemente (é um processo muito comum e humilde) retorne a ele. Volte ao mantra sempre que perceber que deixou de conservá-lo.

Não é um tempo para sonhar. Se notar que está cedendo a um agradável devaneio, volte para a realidade através do mantra. Se notar que está sondando seus pesadelos, volte dos seus medos através do mantra. Não é um tempo até mesmo para pensar. Se perceber que está pensando sobre o porquê de estar dizendo o mantra, saia do labirinto do pensamento com o mantra. A meditação é um caminho de silêncio interior e uma disciplina de vigília. O que é atraente sobre isto como um caminho é também o seu maior desafio. Esta é a experiência de solitude.

Se quisermos compreender o porquê de estarmos meditando, é importante ver a distinção entre solitude e solidão. A solitude é a consciência receptiva de nossa individualidade; nada tem a ver com isolamento. Solitude significa saber quem somos individualmente; ao passo que solidão é a supressão temerosa daquela individualidade por meio da submissão às forças impessoais e coletivas da uniformidade e da padronização. Estamos presos por tal epidemia de solidão em nossa sociedade porque há tanta padronização impessoal, tantas forças de conformidade. Avaliamos a nós mesmos e os outros por tipos, categorias e rótulos. A categorização suprime a individualidade da pessoa, criando alienação e solidão.

A cura para esta epidemia é a experiência da solitude contida no que tradicionalmente tem sido chamado de "experiência contemplativa" ou "oração pura". É uma cura radical e um tratamento exigente. Mas é uma alegria a ser descoberta e uma alegria a ser seguida. Os tempos diários de meditação enraízam-nos progressivamente cada vez mais profundo no verdadeiro eu. O fruto da meditação não é para ser avaliado por nada que aconteça durante a prática. Ignore qualquer coisa que aconteça, mas esteja preparado para mudanças em sua vida. O sinal indicador de mudança em sua vida será percebido na sua rede de relacionamentos. Não estamos somente recarregando as baterias quando meditamos. Estamos fazendo uma jornada, tomando parte de uma transformação. E a compreensão cristã está outorgada pela visão da verdadeira natureza de Deus revelada em Cristo.

> *O Deus da paz [...] vos torne aptos a todo bem para fazer a sua vontade; que Ele realize em nós o que lhe é agradável, por Jesus Cristo, ao qual seja dada a glória pelos séculos dos séculos! Amém!* (Hb 13,20-21).

Por isso meditamos – para que sejamos conformes com o que Deus gostaria que fôssemos – nosso verdadeiro eu.

CAPÍTULO XIX

A alegria da desilusão

Médicos e enfermeiros muitas vezes comentam sobre a dificuldade que enfrentam tentando diagnosticar a doença de uma criança. Ela chegará parecendo perturbada e o médico pergunta o que acontece. A criança diz que dói. O médico pergunta onde e a criança responde "Eu não sei". O diagnóstico continua com grande dificuldade quando o paciente não consegue localizar a fonte ou descrever a natureza da dor. Os adultos não são tão diferentes quando se trata da consciência da causa ou natureza do seu sofrimento psicológico ou espiritual. A ansiedade e a depressão, que são características prevalentes de nosso estilo de vida, são sentidas de modo agudo o suficiente, mas muito raramente são compreendidas. "Não sei por que me sinto tão infeliz, ou impaciente ou cheio de medos!"

Diante deste tipo de dor ou insatisfação, normalmente concluímos que está faltando algo importante em nossa vida. Alguma coisa está errada; esqueci-me de algo que sabia anteriormente; estou procurando por algo, mas não sei se está perdido ou se é alguma intuição. Muitas vezes se percebe que, se está doendo, é porque a vida estava correndo muito, sem que se olhasse para onde ia, e acabou se saindo da estrada em uma curva fechada da realidade. É a realidade que faz doer. A vida faz doer. Esta explicação desperta para a crença geral, epidemia em nossa cultura de hoje, de que a realidade é menos atraente do que a fantasia. A vida como ela é, a realidade como ela é está em segundo lugar porque todos nós podemos imaginar algo melhor. Todos podem fantasiar sobre o que poderia fazê-los realizados, felizes e satisfeitos e reconhecer que a "realidade" está longe do "ideal".

Uma vez que tenhamos sido pegos por esta crença traiçoeira que, na realidade, não é tão boa quanto poderia ser, começamos a gastar cada vez mais tempo, recursos humanos e materiais jogando e construindo fantasias. "A realidade como eu gostaria que fosse" torna-se uma grande consumista de tempo tanto quanto de criatividade. Se esta crença se espalhasse suficientemente e muitas pessoas se vissem pegas por ela – é muito persuasiva –, então uma sociedade inteira, estilos de vida pessoais e vidas inteiras poderiam se basear no trabalho duro para sustentar a fantasia, para pagar as férias sonhadas, comprar a casa perfeita e exalar o perfume dos deuses e deusas das telas. Por causa da sociedade autodeterminada em que vivemos, todos estão, em maior ou menor grau, presos na rede das realidades alternativas. Ninguém fica ileso. Sua intrusão leva à intensificação da ansiedade e à depressão de que estamos tentando escapar. Leva ao pesadelo recorrente de que este jogo da fantasia poderia nos pegar completamente, pois, pensando que somos os jogadores, eventualmente ficamos enroscados e absorvidos pelo jogo que criamos. Isto é a causa, não em menor grau, do profundo, confuso e muitas vezes vago medo que as pessoas estão sentido pelo mundo afora.

Devemos saber que todos temos uma assombrosa capacidade de autoilusão. Um livro recente sobre o mandato do Presidente Reagan descreve como, alguns anos atrás, ele estava fazendo um discurso durante a visita do primeiro-ministro japonês aos Estados Unidos. O presidente descrevia, em termos muito comoventes, sua visita a um campo de concentração no final da guerra. Era uma descrição tão visual e comovente que ambos, o presidente e o primeiro-ministro japonês, o repetiram durante o curso da visita. Mais tarde foi descoberto que não era uma história completamente verdadeira e a Casa Branca admitiu que ele nunca tinha visitado os campos pessoalmente, mas apenas tinha lido relatórios feitos por aqueles que os tinham libertado. O autor do livro sugere que isto era um exemplo de sincera autoilusão. Isto é o que o presidente sentia que deveria acontecer e que seria melhor ter acontecido assim, pois ele poderia facilmente fingir que tivesse acontecido assim. Sentimos que podemos fazer a realidade acontecer. Nem todos somos sinceramente tão capazes deste tipo de autoilusão. Mas todos nós tentamos.

E o que não podemos fazer por nós mesmos permitimos que a mídia, os políticos ou a indústria dos entretenimentos o façam por nós. As duas grandes forças que competem pelo controle de nossa consciência são a realidade e a ilusão. Temos a tendência de preferir a ilusão no que pensamos com doses seguras, porque a realidade parece machucar. Mas o que realmente machuca, quando você diagnostica o sofrimento, é o desapontamento. Quando as esperanças são desapontadas, a dor da desilusão se espalha pelo sistema. Quando culpamos a realidade, é um sinal do quão profundo estamos presos na rede das ilusões e dos estratagemas com os quais a ilusão se protege. A ilusão é como um terrorista, apoiada pelo superpoder secreto do ego. Pode ser constantemente enfrentada, mas sempre volta com novos recursos.

A falácia de base da rede da ilusão pode ser achada e plantada aos pés do ego. O ego é aquele senso de separação violentamente defendido, de especialismo orgulhoso e individualidade vaidosa. É esta percepção que dilata a rede mais controladora da fantasia, que é a ilusão de que somos o centro da realidade. Esta é a última e a mais fortemente guardada ilusão a ser destruída. A verdade é que somos especiais e únicos. O problema surge quando não somos especiais e únicos onde pensamos que somos. O que pensamos ser singular sobre nós mesmos e não é. Muitas vezes é uma parte de nós que é coletiva e que nos faz parte da multidão.

A multidão é meramente o grande e "pré-pessoal ego coletivo". O que frequentemente pensamos como inacessível e parte da natureza humana comum, o que vagamente chamamos de alma, seja o que for, é, de fato, a verdadeira e única identidade de nossa individualidade, nosso verdadeiro eu. A separação das duas forças da realidade e da ilusão revela a singularidade de cada *self* pessoal como é compartilhado numa natureza humana comum. O trabalho da iluminação, o trabalho humano supremo, é revelá-lo e libertá-lo. Nada mais na criação, com exceção do ser humano, é iluminado, pois nada mais é autoiludido. A iluminação é um processo de discriminação altamente refinado que procede através de uma série de desilusões. Muitas desilusões. O processo de iluminação, de chegar à realidade e, assim, de chegar à realização, envolve o repassar da gravação da experiência, uma saída da vida diária, um retorno. O resultado desta dinâmica de oração é um diagnóstico e cura de todas as ilusões e autoilusões até que cheguemos de volta à primeira ilusão infantil de que somos Deus e o centro do mundo. Deixar cair as ilusões, que envolve o descobrir das repressões e algum difícil autoconhecimento, torna-se mais difícil quando nos aproximamos dos fundamentos da fantasia, da origem do pecado. Mas cada desilusão é uma vitória que estimula o moral para o próximo estágio. A jornada para a realidade, que é o processo de desilusão, é o caminho da meditação. Aprendendo a meditar, diariamente, você tece o fio da realidade pela sua vida, levando-a para a unidade e ativando o processo de iluminação em cada dimensão. Se você é fiel à disciplina, o processo se desdobra com uma força constante e sem barreiras.

Sentar-se para meditar é entregar-se de todo coração à realidade. O caminho da meditação é um caminho que permite a realidade acontecer e ser liberta em espírito pela percepção de que não somos nós o centro da realidade, mas a realidade é que está no nosso centro. Pela falta de teorias difíceis ou de conhecimentos e práticas esotéricas, a meditação apresenta-se a nós somente com um único grande problema, uma vez que estamos presos na rede das ilusões. É *simples*. Quanto mais comprometidos com as ilusões, mais complexos nos tornamos. A simplicidade é difícil de aceitar quando a mente está tiranizada pela complexidade reflexiva. Há ainda outro problema: a meditação é uma *disciplina*, quer dizer, não é algo para brincadeiras. É algo que pede, não por um compromisso solene ou arrogante, mas por um compromisso que seja verdadeiramente sério. É um compromisso com a realidade que cresce com o tempo, com a prática da humildade do mantra. A vida é um processo de aprendizagem do início ao fim. Estamos aprendendo na escola da realidade, e a primeira lição é aprender como meditar.

A meditação não alcança a realidade pelo pensamento. Você não pensa quando medita. Você é. Os pensamentos virão involuntariamente e você os deixa partir livremente. Não dê atenção a nenhuma ideia ou imagem. Elas virão e partirão. Mas o mantra permanece constante. Tudo o mais, durante este tempo, é distração. Diga o mantra, ouça o mantra, entregue-se através do mantra. Precisamos meditar a cada dia porque as ilusões nas quais estamos presos estão constantemente se renovando e reformando, e a meditação libera o poder da realidade que constantemente as desintegra. Ela nos liberta da cadeia da fantasia e do medo pela descoberta do poder da realidade no amor divino dentro de nós.

O ensinamento de Jesus é que a realidade já está dentro de nós e *é nossa*. Quando acreditamos nele, ficamos livres das ilusões. O Espírito de Cristo nos ensina de dentro, uma vez que permitimos sermos ensinados. A meditação é simplesmente uma resposta na fé ao chamado de Jesus para encontrar o reino da realidade dentro de nós. Esta realidade é descrita no Novo Testamento de diversas maneiras, como Reino, Verdade, Vida. É descrita por São João e São Pedro como luz, uma luz que brilha na escuridão tenebrosa da irrealidade, radiante e redentora em meio às ilusões. Quando damos atenção a esta realidade, ela expande. Ela cresce e ilumina as trevas, desintegra a ilusão.

> *Temos também, por mais firme, a palavra dos profetas, à qual fazeis bem em recorrer como a uma luz que brilha em lugar escuro, até que raie o dia e surja a estrela d'alva em nossos corações* (2Pd 1,19).

CAPÍTULO XX

A utilidade do detalhe

Todo artista sabe que, se quiser alcançar a semelhança do que se quer representar ou articular suas impressões, é necessário ficar inteiramente atento ao detalhe. Há de selecionar os detalhes corretos e apresentá-los da maneira correta. A mesma coisa é verdade para cada tentativa de comunicação. Você tem que editar a experiência se quer comunicar qualquer coisa de importante aos outros. Claridade e empatia não resultam de um bombardeamento, mas de uma discriminação de detalhes. O que a economia é para o artista, assim a pobreza é para o meditante.

Se o detalhe correto é percebido da maneira correta e colocado na perspectiva correta, a percepção é aumentada. Mas, muito mais do que menos, os detalhes estão fora de nosso controle. Na sua multiplicidade, eles nos inundam. Ficamos dominados pela infinidade de detalhes. Como moscas, eles vêm a nós de todos os ângulos. Acumulam-se nos lugares errados, eles nos obcecam. Muitas vezes tornamo-nos, pouco a pouco, obcecados e compulsivos pelas trivialidades que podem tecer a ponto de desfocar a clareza e perturbar nossa paz. Podemos bem saber que isto está acontecendo. Podemos constatar que um detalhe da vida, uma situação ou emoção estão fora das proporções, e que, de qualquer maneira, não têm como ser colocados de volta nos seus devidos lugares. O resultado de uma seleção involuntária de detalhes, o que geralmente chamamos de obsessão, não é clareza, mas confusão; não é comunicação, mas isolamento. Quando os detalhes estão fora de controle e nos inundam, a confusão criada é a maior causa de sofrimento, pois, quando estamos confusos, fazemos tudo errado. Falhas são encontradas nas coisas mais simples, nos relacionamentos mais comuns tanto quanto nos relacionamentos mais importantes. O motorista do ônibus olha de cara feia. A esposa implica. O marido se isola. Enganos acontecem nas coisas rotineiras que sabemos fazer perfeitamente bem. Ficamos com impressões equivocadas, fazemos mau juízo e, embora saibamos que estão errados, não conseguimos discernir a confusão particular da confusão geral. E se permitimos que a confusão aperte ainda mais o nó, ela pode destruir a percepção da realidade como um todo, assim como a neurose escorrega para a psicose. Quando a paz se esvai, perdemos o sentido essencial de estarmos envolvidos com a realidade e nos tornamos observadores da vida ao invés de pessoas que a vivem. Os sistemas modernos de informação, novas redes de comunicação e o constante estímulo das necessidades imaginativas das pessoas têm inundado a vida contemporânea com detalhes. As pessoas reclamam incessantemente da pressão e da confusão.

Para compensar pela confusão que emerge nas emoções e no intelecto, nos relacionamentos e nas organizações, criar uma versão de realidade alternativa é uma opção tentadora. Estimulamos clareza e impomos uma falsa rede de sentido sobre o caos do sentimento e do evento. Mas é claro que não temos aquele poder de criar a realidade. Como o artista sabe, o mais alto poder criativo é refletir e reverenciar a realidade. Não podemos controlar a realidade ao nosso bel-prazer sem criar uma imagem-espelho que conhecemos como a sedutora mas destrutiva força da fantasia. A ilusão empregada como base de ação inevitavelmente leva ao conflito dentro de nós mesmos, tanto quanto entre nós e os outros.

O ponto inicial para quem quer que esteja começando a meditar, seja qual for o grau de fé, é aceitar que somos confusos. Todos nós experimentamos a confusão que resulta do despontamento das falsas esperanças proferidas pela ilusão, de maneira mais ou menos intensa, em tempos diferentes. Em qualquer estágio da jornada rumo à realidade em que estamos quando começamos a meditar, iniciamos confusos. Estar confuso significa estar enganado, e a ansiedade que é criada por esta inexatidão – este errar o alvo, ou pecado – leva a um labirinto de erro: desapontamentos, desarmonias, raiva, depressão, mal-entendidos, insegurança. Começamos a meditar e perseveramos na disciplina diária porque a profunda nostalgia humana, nossa mais profunda carência e desejo, é encontrar paz e clareza.

No trabalho, com a família ou em qualquer relacionamento, uma situação fica nebulosa. Aqui é o momento para dizer: "Vamos nos sentar e conversar sobre o assunto, tentar chegar à raiz do problema". O que isto significa, de fato, quando há seres humanos envolvidos, é que devemos chegar ao coração da pessoa envolvida. Não são os eventos ou a vida que é confusa. As pessoas é que são confusas. Somos confusos e então o coração do problema é sempre o coração humano. O grande problema não é "será que *eles abrirão* seus corações" mas "*abriremos os nossos* corações para liberarmos o poder clarificador do amor?"

No coração a clareza e a paz estão presentes em potencial. A meditação nos leva diretamente, não facilmente ou por qualquer atalho, mas absoluta e simplesmente ao centro de toda realidade e entra em contato com o poder que realiza todo o potencial. Quando meditamos, chegamos ao centro pessoal de nosso ser que a Bíblia chama de coração e, assim procedendo, a verdade esclarece que o coração pessoal é o lugar de Deus. Cada pessoa é uma e o único centro de Deus, cada coração, o limiar de toda realidade. É o portal para a vida interior de Deus (tanto quanto faz sentido falar de interior e exterior sobre Deus), quando todas as preposições – com, em e por meio de – são igualmente e simultaneamente verdadeiras. Começar a meditar é aceitar um conhecimento do qual podemos tentar nos esquivar, mas que eventualmente devemos reverenciar, de que o núcleo de cada problema é a confusão em nosso próprio coração. A clareza e a paz que buscamos serão lá encontradas e em nenhum outro lugar.

Descobrimos alguma clareza tão logo aceitamos este autoconhecimento e paramos de culpar os outros, a Deus, a economia ou o destino. Na jornada rumo ao centro, o autoconhecimento do realismo, chamado humildade, desponta. Vemos claramente as coisas, e enxergar claramente é experienciar a beleza, e, na contemplação da beleza, a energia da paz restaura a harmonia. A beleza está no coração de quem contempla. Por isso a meditação abre-se para a capacidade de ver a beleza. Mas há mais envolvido no processo do que meditar uma ou duas vezes para apreciar a experiência aleatoriamente. Isto seria tratar a meditação como uma atividade estética, como visitar uma galeria ou assistir a um concerto. A meditação faz artistas de todos nós, praticantes e não observadores. É ainda mais exigente do que a arte, pois requer não somente a seleção de detalhes, mas a renúncia de todo detalhe: a pobreza. É matéria de perseverança nesta renúncia. Nem a renúncia e nem a perseverança são sempre perfeitas. Há uma constante intrusão de detalhes, uma entrega involuntária na luta da mente em assumir o controle da experiência. Aprendemos a perseverar aprendendo a começar sempre de novo e a compreender que a meditação é, em si mesma, um processo de aprendizagem. É aprendendo a acreditar que vemos as coisas claramente pelo desaprender dos hábitos confusos do pensamento, do sentimento e da percepção que os erros da ilusão impuseram. A meditação é aprender a desaprender as reações enraizadas que pensamos erradamente serem da nossa natureza real. Cada vez que nos sentamos para meditar, damos mais um passo neste processo. Se sempre nos vemos como iniciantes, não há razão para que todos nós não completemos esta incrível, maravilhosa e alegre jornada rumo à paz e à clareza na chama do amor divino que arde no centro de nosso ser.

Quando começamos a meditar, descobrimos, para nossa humilhação, como predomina o estado de confusão. O primeiro e o mais demorado sintoma de confusão é a distração. Não fique desnecessariamente surpreso ou de todo desencorajado pelo grau de distração em que se encontra. Uma vez que o mundo interior está em contato constante com os eventos exteriores, apesar de ter suas próprias preocupações, o nível de distração vai variar. Nada seria mais prejudicial ao processo do que avaliar seu progresso pelo nível atual de distração. Se você sente que sua meditação foi completamente inútil por causa do alto nível de distração, você pode estar enganado. Se você nunca teve distrações seria justo suspeitar se realmente está meditando. Provavelmente você está só mergulhando nas distrações e confusões ou somente adormecendo. De modo semelhante, quando as pessoas acham que o mantra em si seja uma distração, elas fizeram uma confusão básica entre clareza e capitulação, paz e conforto. As distrações não são indicadores de que a meditação não seja para você. Elas são as únicas razões pelas quais você deveria perseverar.

A cultura moderna com sua comunicação à velocidade da luz, seu bombardeio de consciência coletiva carregada de detalhes, sua mídia inundada de trivialidades do momento em que você se liga de manhã e se desliga à noite, tem tornado a mente humana mais distraída, mais confusa do que em qualquer outro período da história. Sob todas essas pressões não é surpreendente que, quando começamos a meditar, a mente esteja competindo. É como um carrossel giratório de formas e sons. O que distingue a distração da imaginação criativa é precisamente a natureza obsessiva e cíclica dos seus processos e conteúdos. As mesmas coisas continuam a aparecer, os mesmos detalhes, ansiedades e problemas. Leva tempo para acalmá-los, mas, com a sua diminuição, a neblina começa a se assentar. Então a nossa percepção da realidade, tanto quanto nosso envolvimento com o real como oposto à vida imaginativa, avança em clareza e foco. A mudança de estar confuso para estar focado acontece através da fidelidade ao mantra. Aprender a dizer o mantra – e o mantra é o grande teste do quão seriamente queremos estar claros – é a disciplina da humildade e da paciência. Mas é também uma confirmação constante da jornada rumo à realidade. Sabemos que estamos na jornada porque estamos comprometidos com o mantra. A consciência em si mesma começa a trazer a mente da confusão para a clareza. Saber que o início já aconteceu e saber que existe um caminho e que um foco está sendo estabelecido. Saber que estamos comprometidos com o crescimento é o início do crescimento.

O mantra tornar-se-á mais enraizado, mais constante. Dizer o mantra pode criar inevitavelmente alguma resistência em nós através do ego, que é a fonte de confusão em todo o processo de evolução espiritual. Uma maneira pela qual ele tentará nos persuadir a desistir é através da familiar voz materialista: "O que estou ganhando com isto? O que isto tudo está fazendo? Meus investimentos são justificados pelo seu retorno? Por que devo preocupar-me com clareza?" É muito importante perseverar, ainda que somente de pura fé, até começarmos a provar a clareza e a experienciar a energia da paz, pois então saberemos, por nós mesmos, que não é necessário justificar-se por qualquer padrão materialista. A clareza é simplesmente algo para o qual fomos criados e todas as coisas boas dela fluem. Ver a Deus com um coração puro, claro, é conhecer a realidade, estar aberto à beleza de Deus em cada uma de suas epifanias.

> *Mostrou-me depois um rio de água da vida, límpido como cristal, que saía do trono de Deus e do Cordeiro... Que o sedento venha e quem o deseja receba gratuitamente a água da vida (Ap 22,1.17).*

A água límpida do Espírito está dentro de nosso próprio coração e é dada livremente. É necessário somente aprender a abrir o nosso coração para liberá-la e assim sermos purificados por ela. É o mantra e a nossa fidelidade, humildade e boa vontade no aprender a dizê-lo, que abrem o coração à luz clarificadora.

CAPÍTULO XXI

O sucesso do fracasso

Thomas Edison administrava uma média de cinco mil experiências em cada um de seus projetos. Diz-se que, cada vez que uma dessas experiências falhava, ele sorria e ficava feliz que tinha encontrado uma outra maneira em que sua invenção não tinha funcionado. Ele sabia que tinha chegado um pouco mais próximo de descobrir o caminho certo.

Vivemos numa sociedade que nos faz acreditar que somente o sucesso conta e que o fracasso é vergonhoso, é algo que não reconhecemos de boa vontade e do qual falamos somente com os que estão mais próximos de nós. O fracasso faz com que pareçamos absurdos. O fracasso é uma perda de tempo. O fracasso nos humilha. Com o tipo de condicionamento que a educação e os negócios reforçam, tendemos a esconder nossos fracassos e fingimos ser bem-sucedidos. Esta obsessão com o sucesso e o medo do fracasso, tão diferente do ponto de vista verdadeiramente criativo de Thomas Edison, em que o sucesso e o fracasso são partes gêmeas do mesmo processo de descoberta, vêm dominar cada área de atividade. Não somente carreiras, esporte, *status* financeiro e social, mas a vida emocional e intelectual são também vistas de maneira competitiva. Precisamos ser um sucesso em tudo e fracassar em qualquer coisa pode abalar severamente nosso respeito próprio e nosso senso de identidade. Habilidade, excelência e sucesso compõem a imagem social predominante que as pessoas são chamadas a aspirar e manter porque, quando escorregamos, não é certo que vamos parar de cair. Ainda assim, a verdade é que todos os seres humanos também estão bem familiarizados com o fracasso. Todos nós falhamos bem mais do que prosperamos. E, de fato, quando prosperamos, muitas vezes percebemos que se trata de algo que realmente não tivemos a intenção de fazê-lo. Cada um que "conseguiu" sabe que grande porcentagem de sorte e do inconsciente deve ser adicionada ao talento e à iniciativa.

Quando a vida é vista e condicionada socialmente nestes termos estreitos de sucesso e fracasso, encontramo-nos alienados das conquistas reais que dão sentido e conferem valor. Aquelas conquistas ocorrem quando não estamos tentando suceder competitivamente, mas estamos nos entregando ao trabalho generosamente e sem a preocupação com a avaliação final. Aquelas conquistas de compromisso verdadeiro são as que nos formam para a eternidade. Elas são as únicas coisas que realmente importam. E raramente relacionam-se de forma direta com as nossas posturas econômicas ou sociais. Se nos encontramos vivendo primeiramente pelo sucesso, negando ou reprimindo o fracasso, então perceberemos que perdemos contato com nosso verdadeiro eu, nossa identidade real. A preocupação parcial pelo sucesso envolve viver na superficialidade da vida, sem contato com a dimensão de profundidade, muitas vezes somente descoberta através do fracasso, que dá um horizonte de sentido a todos os eventos. Alternando entre morte e ressurreição, sombra e luz, fracasso e sucesso, a vida será uma descoberta progressiva do porquê e de quem somos nós, como estamos conectados, com um sentido mais amplo, um padrão para além de nós mesmos e que ainda assim nos inclui. Se somos somente orientados pelo sucesso, inevitavelmente iremos confundir o padrão e distorcer o sentido, colocando-nos como seu centro, e ficaremos isolados daquela profundidade, em nós mesmos, de onde vem a energia do crescimento. A fixação pelo sucesso resulta do colocar a energia egoísta, aquisitiva e possessiva no centro da vida, para o qual é atraída mesmo contra nosso melhor desejo. O problema para as pessoas de hoje é que não temos fácil acesso às fontes da sabedoria na tradição espiritual que nos ensinam a resistir à tendência de sucumbir ao egocentrismo.

De fato, estamos todos expostos e inclinados às forças no mundo que reforçam o ego como o centro último da realidade porque é o centro mais comum da vida humana. Somos orientados por professores e anunciantes a sermos egocentristas. É vital para nossa sobrevivência, não só pessoalmente, mas também como sociedade, entrarmos em contato com uma sabedoria que revela nosso verdadeiro centro. Por sermos tão doutrinados a agir como se o ego fosse a fonte de sentido, vivemos a maior parte do tempo uma vida egocentrada sem compreendê-la plenamente. Tanto que trazemos esta preocupação egocêntrica com o sucesso para a nossa vida espiritual. Quanto ao aspecto espiritual da vida, começamos automaticamente a busca pelo sucesso do mesmo modo que o fazemos nas áreas financeira, intelectual ou social. Na oração, esperamos ser bem-sucedidos porque parece não haver ninguém com quem competir. Aqui a espiritualidade torna-se autogratificante, introvertida e escapista. O paradoxo é que ser bem-sucedido na oração significa aceitar o fracasso e a submissão incondicional do ego. Se estivermos tentando suceder de qualquer outra maneira, ficaremos trancados na absurdidade do ego tentando expulsar a si mesmo.

Por isso é vital assegurar que, neste ponto essencial da vida espiritual, estejamos conscientes de estarmos comprometidos com a transcendência do ego. Não o favorecer, mas uma simples e fundamental transcendência do ego. Isto pode envolver um processo longo com muitas fases, uma das quais pode ser a reparação de uma psique danificada. Mas o comprometimento com a transcendência é o estímulo essencial ao crescimento e à cura. De fato, nunca conseguimos alcançar o sucesso na vida espiritual. O sucesso em si mesmo é conceito do ego.

Pense no conceito de sucesso. O que significa? Significa *meus* objetivos, meus esforços e minhas recompensas. Mas se estamos seguindo um caminho espiritual (e não há vida equilibrada e plena de sentido a menos que o estejamos), descobrimos algo infinitamente mais satisfatório do que o sucesso percebido como conquista de desejos concebidos imaginativamente. Ao invés disso, descobrimos a realização do inimaginável, que é chegar à realidade de quem somos nós. A meditação é um caminho espiritual, é um caminho de desprendimento e de autorrealização. Mas aproxime-se dele como um caminho de realização desprendida, em que sucesso e fracasso não precisam passar por perto. Uma vez que seja verdadeiramente seguido como um caminho espiritual comprometido com a transcendência, a experiência cristã de discipulado acontece e com ela a liberdade e a alegria. Da profundidade interior, o meditante começa a experimentar a liberdade ampla e prolongada que o sucesso nunca pode dar.

Na primeira ocasião em que meditar, você experienciará o fracasso. Se assim é, você está tentando ser bem-sucedido. Só será um fracasso se houver uma tentativa de ser bem-sucedido. Num certo sentido, todos nós tentamos ser bem-sucedidos a princípio, pois o ego desvirtua tudo o que fazemos. Mas é importante reconhecer que o sentimento de fracasso, que você pode ter não somente hoje, como também daqui a dez anos, é pura ilusão. É para ser simplesmente ignorado. A experiência, a prática e a fidelidade ao mantra lhe darão a força da consciência para despedir tal ideia de fracasso tão logo ela se intrometa e comece a desencorajá-lo.

No que, então, sentimos que falhamos? Parece, de imediato, que é o fracasso no concentrar-se, no ficar silencioso, no dizer o mantra. Absurdamente falhamos em seguir o caminho da simplicidade total. Isto nos diz muito a respeito da meditação. Ela é absolutamente simples. E se falhamos ao meditar é porque ainda não somos simples o bastante. Ainda estamos muito complicados pelo egoísmo. Mas a prática regular da meditação reduz de forma constante a complexidade do ego e nos simplifica. E assim a meditação é seu próprio sucesso. Para sermos bem-sucedidos na meditação, simplesmente temos que perseverar. Esta é a sua absolutamente simples alegria. O caminho da meditação é realmente tão simples quanto soa, não importa quão difícil seja para nós nos reconciliarmos com esta simplicidade.

Repita o mantra do início ao fim da meditação, ao menos tente. E, ao tentar, perceberá que fracassará inúmeras vezes por causa de distrações bobas, ansiedades recorrentes, problemas da vida diária e inquietação natural, porque assistimos demais à televisão, porque temos muitas expectativas do que poderia acontecer. Mas cada vez que perceber que parou de dizer a palavra, muito simplesmente, muito gentil e fielmente volte a ela e recomece a dizê-la, silenciosa e interiormente. A única coisa que deveria desencorajá-lo é se você pensa que de fato conseguiu. Este é um problema sério a ser resolvido: pensar que você é um sucesso espiritual. Mas a perseverança na meditação mudará as perspectivas do seu ponto de vista. Primeiro, sobre a meditação em si mesma e depois sobre os valores da vida como um todo. Uma descoberta está à espera, através da experiência de profundidade, de uma nova maneira de perceber a si mesmo e os sucessos e fracassos da vida comum. Um significado mais profundo, de mais ressonância e brilho do que qualquer coisa vista até agora, começa a ser sentido. Com a nossa perseverança, tornamo-nos gradualmente realizados, gradualmente iluminados, gradualmente livres. Tornamo-nos mais amorosos porque o grande poder liberado em nós à medida que nos tornamos mais simples é o poder do amor. E, assim, dizemos o mantra não de maneira mais bem-sucedida, mas de maneira mais fiel.

A meditação sempre nos torna mais humildes. O fracasso, porém, muitas vezes nos humilha. Esmaga o orgulho, mas também leva à vergonha e à autorrejeição. Mas esta não é a natureza da humildade. A verdadeira humildade é a forma da sabedoria. Leva à compreensão de que, embora possamos cometer falhas, Deus não pode. Se pensamos sobre nós mesmos com autorrejeição, como o último dos fracassos, então não podemos acreditar em Deus, pois Ele nunca falhou conosco. Percebendo quem somos nós, percebemos quem é Deus. A meditação nos leva ao conhecimento de Deus, o Criador e o Fundamento de nosso ser. Simultaneamente leva-nos à percepção de quem é Cristo. Nós o vemos como aquele que é plenamente realizado, que quebrou o dualismo do sucesso e do fracasso e transcendeu o ego por sua morte e ressurreição. A luz do seu *self* amoroso brilha em cada um de nós.

Dizer o mantra é um trabalho muito humilde e muito simples. É um trabalho alegre, mas também uma disciplina. A meditação é o trabalho diário que nos oferece o pão quotidiano de sermos transformados pelos poderes do Reino. É um trabalho simples no qual estamos totalmente desapegados do fruto do nosso trabalho ou da expectativa de recompensa, mas que transforma a nossa vida. Dizer o mantra é o trabalho da meditação e é o caminho da realização para além dos confins do egoísmo, do interesse próprio e do sucesso.

Tudo isso é compreendido na mente de Cristo, a qual, como diz São Pedro, ressurge em nós para iluminar a nossa mente:

> *Temos também, por mais firme a palavra dos profetas, à qual fazeis bem em recorrer como a uma luz que brilha em lugar escuro, até que raie o dia e surja a estrela d'alva em nossos corações* (2Pd 1,19).

Aqui está a iluminação do caminho da meditação.

CAPÍTULO XXII

O ciclo do amor

Uma das muitas coisas fascinantes que descobrimos sobre a meditação quando tentamos comunicá-la aos outros é que sua ideia essencial é extremamente atraente às pessoas. Porém, explicar o que é esta ideia essencial não é fácil. Alguém poderia dizer que consiste na compreensão da existência de uma identidade verdadeira, real e amorosa do eu em cada pessoa. Ainda que este eu não seja conhecido para a pessoa ou para seus amigos mais íntimos, a sua existência é intuída. E embora a referência a ele possa incorrer algumas vezes em uma reação agressiva, em geral a meditação afirma tranquilamente sua existência e potencial.

A meditação parece evocar uma reação profunda enquanto pareça ser ao mesmo tempo um ensinamento incômodo de ouvir. Como pessoas modernas, somos sujeitos da experiência, o que significa que queremos saber por nós mesmos e sermos capazes de verificar cada reivindicação em nossa experiência própria. Sem dúvida isto é, em parte, o porquê de a meditação ser geralmente atraente, pois é puramente experiencial. É pessoal, pede por envolvimento completo de si e é direta, dispensando todas as formas de mediação. Não importa quantos livros sobre o assunto tenha lido ou quantas palestras tenha escutado. Quando a meditação é seriamente assumida, é você que tem que fazê-la, pois trata-se da sua experiência. Com o tempo, começamos a perceber que uma experiência puramente pessoal está também relacionada com os outros. Mas, a princípio, é profundamente atraente, pois é certamente sentido que esta experiência pessoal é essencial para o caminho da verdade. Ainda assim, é tão desafiadora quanto atraente. É desafiadora por causa do tipo de experiência pessoal que a meditação convida e envolve. John Main abriu o caminho para a compreensão deste aspecto da meditação dizendo que, quando meditamos, não tentamos experienciar a experiência. Quando meditamos, nós adentramos na experiência em si mesma. Como pessoas modernas e autorreflexivas, interessadas na variedade de experiências, somos precondicionados a nos interessar em experienciar a experiência. Queremos ser capazes de lembrarmo-nos dela, escrever e falar sobre ela, compará-la e comunicá-la.

Mas no momento da meditação em si mesmo, estamos desaprendendo esta aproximação apreensiva e controladora do ego. Não há nem análise da experiência e nem a tentativa de memorizá-la. Há somente a aprendizagem, sem dúvida vagarosa, mas não menos direta, permitindo o que é sê-lo de fato. O que quer que aconteça, diga o mantra. Diga-o até que não possa mais dizê-lo. Tão logo perceber que parou de dizê-lo, recomece a dizê-lo. Aqui está a fórmula, absolutamente simples e prática, que pode levar qualquer pessoa sincera e séria à experiência em si mesma que é a experiência do ser, o conhecimento de Deus. Como pessoas modernas, podemos perceber que isto é renovador e atraentemente simples, mas imediatamente tentamos contornar a situação. Uma das maneiras mais fáceis de tentar evitar a exigência de tal simplicidade é dizer em um tom de voz enfaticamente moderado e gentilmente razoável: "Bem, claro, diga o mantra, mas não o diga todo o tempo. Diga-o somente até que ele o leve a uma experiência e, quando estiver lá, relaxe e curta a experiência". Mas a oração cristã é mais do que relaxamento. É paz, um estado de energia divinizadora, não para recarregar as baterias mentais. É mais do que aguçar o despertar da nossa consciência; é conhecer a mente de Cristo.

O que é tão desafiador sobre a meditação é o caminho pelo o qual ela nos conduz à experiência da não experiência. Isto é o que significa pobreza de espírito. Sempre queremos saber o que está acontecendo. Queremos saber o que irá acontecer. Este desejo por conhecimento é intrinsecamente possessivo. Mas se estamos verdadeiramente comprometidos com a peregrinação rumo à humanidade e assim verdadeiros discípulos do Espírito, então não estamos adquirindo experiência ou buscando enriquecimento através dela. Estamos adentrando na experiência da não experiência, aquela pobreza de espírito na qual nos alegramos com tudo pelo nada possuir.

A maravilhosa descoberta a ser feita por iniciarmos o seguimento deste caminho de fé é que a experiência da não experiência é a experiência mais importante de todas. É como o programa de base que permite que o computador comece a funcionar. O peregrino está buscando a simplicidade e esta é a experiência mais rica e gratificante da vida. Gradualmente, à medida que nos permitimos ser ensinados e encorajados, quando nos tornamos mais fiéis, percebemos que nesta experiência da não experiência, onde nada parece acontecer, de fato, algo muito real está acontecendo. Mas este encontro simples com a realidade, que é o poder-motor do crescimento, não está em nosso controle. É um dom. É o espírito. Como dom ou, como os mais antigos diriam, a graça, ela leva a uma pobreza sempre mais profunda, um abandono mais livre. É nisto que os meditantes estão envolvidos. É a jornada que todos nós estamos fazendo. Mas como podemos compreendê-la? É necessário compreendê-la porque em cada passo da jornada somos chamados a um compromisso mais profundo, e penso que somente podemos nos comprometer mais profundamente se compreendemos mais plenamente, para que uma consciência mais plena do que estamos fazendo nos leve adiante para fazê-lo com todo o coração.

Uma das maneiras na qual podemos compreendê-la é como John Main ligava a meditação à conversão do coração no Evangelho e ao processo essencial de crescimento pela transcendência. A maneira mais importante pela qual podemos compreender a experiência da não experiência é pela maneira como ela nos leva ao coração da teologia cristã, a percepção cristã central sobre sentido. Somente podemos compreender plenamente a jornada da oração pela analogia do amor humano.

Uma das situações humanas mais comuns e talvez a maior causa de sofrimento é a consciência de não ser amado. Podemos sentir que não somos amados ou não damos valor por ser quem somos, por inúmeras razões: nosso amor por outra pessoa não é correspondido, porque sentimos que essencialmente não somos capazes de sermos amados, somos indignos ou emocionalmente inadequados. Seja porque não estejamos conscientes de nossa verdadeira dignidade ou porque amamos sem uma reação complementar, a consciência de não ser amado é a causa de nosso sofrimento mais profundo. Faz-se necessário que vivamos cada dia lidando com um sentimento arraigado de não ser. Porque não nos sentimos amados tememos a não entidade. Aprendendo a viver mais do que contornar, o nível de sobrevivência envolve o descobrimento de como podemos reagir ao sentimento de expectativa de amor e a responder a ele não com a fuga, distração ou o adormecimento, mas verdadeiramente encará-lo e confrontá-lo. Como o ensinamento nos mostra como reagir?

O Evangelho diz: "Reaja com fidelidade e volte. Olhe para a outra direção". "Continue amando", diz o Evangelho, exatamente como o ensinamento sobre a meditação diz: "Continue dizendo o seu mantra". Se continuar fiel em meio a esta dor, se continuar voltando apesar de não se sentir amado, então você crescerá para além deste sentimento e a dor da perda e da ausência se tornará a dor do crescimento. O sentimento de indignidade ou de incapacidade dará lugar a um autoconhecimento mais real de semelhança com o que é divino. E a dor do amor não correspondido alcançará uma dignidade sacrificial. Mas como crescemos? Como continuamos a nos voltar para a direção correta? Se o amor não completa o seu circuito e permanece descoberto, se não é recíproco, deve voltar a sua fonte. Mas então ele vai ao mais profundo do coração de onde emerge. Continua a descer cada vez mais profundamente até que chega à sua fonte. Nesse processo, buscando sua origem, o amor nos leva adiante no caminho do autoconhecimento e do autodescobrimento. Assim o nosso amor torna-se menos egoísta quanto mais profundamente ele volta e adquire intensidade mais forte e mais pura.

Na fidelidade ao processo de conversão iniciado pelo mantra, começamos a captar um dos grandes mistérios da meditação, que é também sua verdadeira prova. É que meditando fielmente tornamo-nos mais amorosos. Mas é uma jornada e, muitas vezes, teremos somente uma sensação de estarmos nadando contra a corrente da autorrejeição, do desespero ou concessão. Na oração há uma volta contínua em direção a nossa própria fonte até que o amor, que quer despontar para o mundo, atinja sua própria fonte no centro de nosso ser. Lá descobrimos que nossa própria capacidade e desejo de amor é um dom de Deus. Não importa o quanto despreparados, indignos ou não amados nos sintamos a partir daqui, nunca podemos nos desesperar. Porque, sabendo disso, o amor que sentimos e desejamos comunicar é uma qualidade divina; sabemos que tudo o que somos e sentimos está contido e conhecido pelo amor de Deus. O sinal de que somos amados por Deus prova, aos poucos, que somos infinitamente amados. Quando nosso amor alcança sua própria fonte, ele é reintegrado em si mesmo e torna-se capaz de expressar-se de maneira desprendida e com fidelidade. Esta é a experiência redentora. Sem ela, o cristianismo é somente uma ideia ou somente uma religião. A meditação revela o cristianismo como mais do que uma ideologia ou uma religião, mas como uma imitação e participação da natureza divina. Cristo é somente um outro nome quando falta a experiência de que a fonte do amor humano é Deus no coração humano. Somos plenos, somos todo amor por esta descoberta. Agora amamos com um poder que flui da certeza pessoal de sermos amados. Somente então somos capazes de comunicar a experiência de redenção para os outros, pois sabemos que é redenção e não nos envergonhamos de compartilhar este conhecimento que apaga todo medo de rejeição. Livres para amar, livres para sermos quem somos chamados a ser, percebemos que o mantra tem nos levado de volta para casa e a nossa casa é onde recomeçamos a cada dia.

A maravilha da descoberta do amor em nosso próprio centro é que esta força geradora de amor está contida em nossa humanidade, na sua mortalidade e em todas as limitações do corpo, da mente e da psique. Apesar da fragilidade, apesar de nossa inconsistência, dúvidas e todas as nossas falhas, o poder do amor é fiel a nós. Quanto mais voltamos a ele, mais somos capazes de comunicá-lo e encontramos a realização do mistério do amor no ciclo completo. Exigindo sempre sua completude, esforçando-se sempre para ser doado, recebido e correspondido, a dinâmica tripartite do amor nos impulsiona para além da triste dualidade do egoísmo e sua incapacidade de transcendência para *o terceiro*, o outro. Como nossa experiência trabalha seu poder transformador, começa então a fazer todo sentido dizer que aquele que ama vive em Deus e está sendo conformado à natureza da divindade.

> *Portanto Deus, que disse: "Do meio das trevas brilhe a luz!", foi Ele mesmo quem reluziu em nossos corações, para fazer brilhar o conhecimento da glória de Deus, que resplandece na face de Cristo. Trazemos, porém, este tesouro em vasos de argila, para que este incomparável poder seja de Deus e não nosso* (2Cor 4,6-8).

CAPÍTULO XXIII

A face de Cristo

A *Última Ceia* de Leonardo da Vinci é uma das grandes pinturas do mundo. Leonardo mesmo é um dos poucos grandes gênios que exemplificou as muitas dimensões humanas que a consciência possui. Nele, como em muito poucas pessoas, tantas destas dimensões foram levadas ao seu mais alto desenvolvimento. Mas se olhamos mais de perto a face de Cristo, a figura central dessa pintura, veremos que está inacabada. Uma das características mais curiosas da personalidade de Leonardo é que, diferentemente de Michelangelo, que era profundamente preocupado com o trabalho de sua vida, seu *opus*, seu legado e seu lugar na história, Leonardo parecia superiormente despreocupado com sua reputação. O que deixaria para trás para ficar nos livros não o preocupava. Assim, um dos aspectos paradoxais de sua busca por plenitude e completude é que ele deixou muitas coisas incompletas em sua vida. Penso que seja parte de sua grandiosidade o fato de que foi capaz de aceitar a inevitável incompletude da vida.

Todos nós conhecemos essa incompletude em nossa própria experiência. Nós a sentimos sempre que dizemos a nós mesmos: "Por que isto aconteceu?" Uma sensação de mistério ou de inexplicável sugere algo inacabado. É como se realmente não se conformasse ao padrão ou à simetria que queríamos submeter à vida para forçá-lo a uma conclusão. Há sempre um detalhe não explicado e confuso e, realmente, não podemos continuar o trabalho de adentrarmos na completude da vida, que é nossa própria completude, se nos tornamos obcecados com detalhes perdidos. Mas nossa mentalidade condicionada, a maneira como somos educados e acostumados pelo ego, nos motiva a acobertar a incompletude. Uma das maneiras como fazemos isto é reprimindo os detalhes perdidos, mas há outras maneiras de fazê-lo. A projeção dos nossos sentimentos nos outros ou fingir ser algo ou alguém que não somos para conquistar a aprovação dos outros são também meios que usamos para simular a completude.

Somos treinados e motivados a fazer uma reforma cosmética na vida para fazê-la parecer mais completa do que é ou do que tem sido até agora. Parte da razão por detrás deste condicionamento, tão forte em nossa cultura egocêntrica em que a imagem do *self* é o princípio operante no que diz respeito à educação, é que a incompletude representa fracasso. E o fracasso é muito prejudicial para o ego. O ego está sempre tentando encobertá-lo. Penso que a experiência de fracasso seja o mais próximo que conseguimos chegar de uma confissão de pecado em uma cultura materialista como a nossa. E, como o pecado no passado, o fracasso é punido pela vergonha e a penalidade é a exclusão. Falhamos; somos excluídos do círculo mágico do sucesso. Por isso, hoje é muito mais difícil compreendermos o perdão e a redenção como a mensagem central do Evangelho.

O ponto é que não devemos desistir de tentar completar as coisas. É muito importante que aprendamos o comprometimento, e ele sempre está relacionado com plenitude, com completude, com finalizar o trabalho em que acreditamos. O que temos que abandonar é a fantasia de que temos *pleno controle* deste processo de completude. Os detalhes são importantes. Eles são os meios pelos quais provamos nossa integridade. Como lidamos com os detalhes revela exatamente o tipo de pessoa que somos. O jeito que consideramos as pequenas coisas revela mais do que palavras ou teorias. Revela o estado mental em que nos encontramos. As pequenas coisas da vida, as coisas comuns que passam despercebidas, como os relacionamentos e a rotina que compõem a existência diária, são os sinais mais confiáveis do tipo de estado mental em que realmente estamos. Mas o poder que nos torna capazes de nos comprometer com a completude, o que isto significa? O que é o *poder* do comprometimento e onde encontramos a força para isto? Como podemos evitar a experiência de fracasso como derrota? Como podemos evitar reagirmos ao fracasso ou pecado com aquela debilitada sensação de autopiedade ou desespero que leva à desistência prematura? Onde está a fonte do poder que nos impulsiona e inspira à completude, à plenitude, à unidade? Tal poder é a consciência real com a qual vivemos e agimos.

A meditação não está preocupada com detalhes. Ainda assim tem um profundo efeito transformador sobre os detalhes da vida e a maneira com que lidamos com estes detalhes. Um dos primeiros frutos da meditação é um maior poder de comprometimento com a completude e a realização, com a conclusão apropriada, tanto para as grandes quanto para as pequenas coisas. Mas a meditação em si mesma, o tempo real da meditação não está interessado com os detalhes da vida. Preocupa-se diretamente com a purificação, o esclarecimento, o aprofundamento e a expansão da consciência com a qual vivemos e que até pode ser chamada de nossa vida.

É importante, porém, fazer com que os períodos reais de meditação façam parte dos detalhes de nossa vida. Em outras palavras, temos que nos comprometer a meditar e reservarmos tempos e lugares específicos para isso. Você pode pensar sobre a meditação, concordar com a sua teoria e ainda assim não praticá-la. Melhor seria discordar dela e praticá-la do que concordar com ela e não praticá-la! Aprenda a reservar aqueles tempos com compromisso real, generosidade real, seriedade real. Dois períodos por dia. Poderia ser mais conveniente se pudéssemos ficar somente com um período por dia, talvez um por semana ou quinze horas de meditação a cada três meses. Mas não funciona assim na prática. Pode tentar se quiser, claro, mas parte da vantagem de aprender a meditar dentro de uma tradição é que você não precisa passar por erros custosos como esses. Se você confia na tradição, você ganha tempo. Esta tradição nos diz que, cada dia é um todo. Cada dia é uma unidade porque possui um início e um fim. Comece e termine o seu dia com a meditação – o início da manhã e o início da noite são os melhores períodos – e você estará realizando a completude natural no nível espiritual.

Dê um espaço entre os dois períodos, de manhã e ao anoitecer, e medite por trinta minutos. Se acha que é muito longo no início, pode começar com vinte minutos e gradualmente estenda-o. Decida por quanto tempo irá meditar e comprometa-se com esse período. Não o abrevie ou estenda arbitrariamente. Permaneça neste tempo como uma disciplina. Por isso é muito útil termos um pequeno sinal para cronometrá-lo. Uma música no início e no fim do período de silêncio, ou outro tipo de sinal que marcará o tempo para que não fique tão preocupado em conferir no relógio, é também muito útil. Seja muito prático sobre os dois períodos de meditação. Esteja preparado para o fracasso. Esteja preparado para perceber que pode perder o controle do seu comprometimento. Pode perceber que parou de meditar. Mas não se sinta derrotado por este fracasso. Somente recomece.

Durante os tempos da sua meditação, lembre-se de que não está preocupado com nenhum detalhe da sua vida. Você está lidando com eles de uma maneira muito real, mas não está conscientemente preocupado com eles. Não está lidando com os seus planos, de curto ou longo prazo. Não está analisando o passado. Não está de volta aos problemas buscando novos ângulos e novas soluções. Não está se preocupando uma vez mais com as suas ansiedades, novas ou antigas. Você se preocupa com o aprofundamento da sua consciência, com a expansão e a purificação do seu espírito. Purificação significa unificação. Significa educar o coração, o centro de nós mesmos a ser mais capaz de pura atenção e ação devotada.

Assim, quando aprendemos a meditar, estamos aprendendo a colocar de lado a multidão de detalhes diários e abandonar a torrente barulhenta e constante de pensamentos, imagens, ideias, fantasias e distrações que preenchem nossa consciência. Quando você se senta para meditar, não espere encontrar-se instantaneamente concentrado e iluminado. Cada vez que nos sentamos é o início da jornada, desde onde já estamos. É o início de um processo que leva tempo, mas que também está além do tempo.

A maneira de fazer esta jornada avançar neste processo é a disciplina do mantra, então, nunca perca de vista o mantra. É muito importante dizer o mantra durante todo o tempo da meditação. Quando, inevitavelmente, encontrar-se distraído, não sinta "Ah, eu falhei". Simplesmente, gentil e humildemente, retorne ao mantra e recomece a dizê-lo, fiel, pacífico, mas também da maneira mais determinada que puder, diga-o sem cessar.

Nossa capacidade de concentração é muito curta. É um sinal da fraqueza de nossa consciência e, portanto, um sinal de que ela precisa ser treinada e fortalecida. É sempre por causa da distração e da fantasia através do fluxo gravitacional da tentação de cairmos na desunião, na dispersão do caos primário. Kierkegaard alertou contra o que definia como "tranquilizarmo-nos com o trivial". É uma boa descrição de muito da nossa sociedade. Somos peritos em tranquilizarmo-nos e relaxarmos com o que sabemos ser o trivial. Quando ligamos a TV despropositadamente ou selecionamos desatenciosos os filmes a que assistimos, sabemos o que é trivial. Mas é uma escolha clara, adormecer e tranquilizar a consciência para fugir do fardo da incompletude. A distração está sempre pedindo algo novo, um novo estímulo, como uma maneira de evitar o trabalho da iluminação. Numa sociedade consumista, damos o nome de variedade. Corresponde bem ao que a mente espiritual oriental chama de multiplicidade: o repetido colapso rumo à desunião. Chegar à plenitude e à união da consciência é um assunto feliz, mas muito sério. Não se trata de outra atividade. Não se trata de mais um desdobramento na variedade das distrações. A meditação, não a distração da vida. É uma focalização da vida. Certa vez John Main falou sobre a natureza da verdadeira religião e disse que a seriedade leva à alegria, mas a solenidade leva à trivialidade. É curioso quão solenemente o trivial se apresenta em nossa sociedade. Quão arrogantemente as opções triviais de distração estão organizadas nas estantes de uma mente consumista!

O mantra não é solene; a meditação não é solene ou arrogante. Mas verdadeiramente séria e, portanto, leva à alegria. A alegria aumenta à medida que a consciência é purificada, unida e aprofundada. É um trabalho sério porque é uma disciplina que envolve não somente partes de nós mesmos, mas nossa própria consciência e, assim, o todo de nós mesmos. Quando você começa a meditar, pode perceber uma pequena voz no fundo da mente que pergunta: "Será este mais um trabalho inacabado? Mais um trabalho incompleto?" A resposta é "Não", se pudermos enxergar que não é somente nosso próprio trabalho. Há um poder trabalhando dentro de nós nesta jornada, o poder do Espírito em nós. "O mistério é este", diz São Paulo, "Cristo em vós, a esperança da glória que vem". A glória é o brilho que temos em nós, onde somos por inteiro. Cristo é a prova desta plenitude. A face de Cristo está completa dentro de nós. Esta é a confiança de meditar na tradição cristã.

> *Esse Cristo nós o anunciamos, advertindo os homens e instruindo-os em toda a sabedoria, a fim de apresentá-los todos perfeitos em Cristo. Para isso me esforço e luto, sustentado pela sua poderosa energia que opera em mim* (Cl 1,28-29).

Podemos começar a meditar com a confiança de que o poder de Cristo opera em nós. Progredimos por adentrarmos o "conhecimento da glória de Deus que resplandece na face de Cristo" (2Cor 4,6).

CAPÍTULO XXIV

A Palavra

[...] e se consegue achá-la, em verdade vos digo, terá maior alegria com ela do que com as noventa e nove que não se extraviaram. Assim também, não é da vontade do vosso Pai, que está nos céus, que um destes pequeninos se perca (Mt 18,12).

Esta é uma daquelas "palavras" do Evangelho que fala a todo coração humano e o abre, não importa o quão fechado esteja, ainda que por um breve momento. Um dos resultados da meditação regular é que você escuta uma "palavra" como esta e experimenta não somente sua maravilhosa e generosa universalidade, mas também seu impressionante apelo a nossa vida particular. De tempos em tempos é necessário e útil refletir especificamente sobre a conexão entre a meditação e a maneira que lemos ou ouvimos a Sagrada Escritura.

A meditação em si libera em nós o princípio unificador que nos ajuda a compreender onde e como é feita esta conexão. O princípio unificador em si mesmo é o *Logos*, a Palavra. Quando nos aproximamos do Natal, cada ano, por exemplo, somos conduzidos a uma maior atenção através dos textos litúrgicos sobre o mistério da Palavra, a realidade central do *Logos* no cristianismo. A Palavra que existiu desde o princípio, a Palavra que é uma com Deus, que o revela, a Palavra que é Deus, a Palavra que se fez carne e a Palavra que é a pessoa de Jesus. Este é o mistério do cristianismo. A Palavra eterna e encarnada é o núcleo da fé. A vida cristã, que é gerada e alimentada por esta fé, é a resposta a este mistério e uma progressiva impregnação da presença transcendente e imanente da Palavra. A Palavra que é ao mesmo tempo divina e humana está, portanto, totalmente aqui, presente a nós e plenamente capaz de ser experienciada por nós. E a Palavra está plenamente presente em todos os lugares, absolutamente além de nossa capacidade de compreensão, no tempo e no espaço, ainda que inefavelmente espiritual. Esta identidade paradoxal da Palavra constitui o núcleo da fé cristã. Vivendo nesta fé, e à medida que ela se aprofunda e amadurece, aprendemos como *ouvir* a Palavra, como *ver* a Palavra.

Assim fazendo, nossa consciência se expande pelo contato com esta Palavra, pelo encontro com esta Palavra que é a experiência redentora e santificadora da vida. O espírito humano, ao encontrar-se com a Palavra, expande-se para além das limitações do pensamento, do tempo e do espaço, de todas as limitações diárias com as quais temos que trabalhar exterior e interiormente. Expandimos para além destas limitações porque nos movemos para além de nós mesmos. Esta transcendência e transformação *ainda nesta vida* é o coração da fé cristã. "Nossas mentes são restauradas", diz São Paulo, "e toda a nossa natureza assim transformada". Aqui está a promessa e o convite do Evangelho.

Meditamos como cristãos na fé de que a Palavra habita em nós, no coração dos corações. Alimentamos esta fé em outros momentos e em outras dimensões da vida cristã com a leitura da Sagrada Escritura e a celebração dos sacramentos, os quais revelam a mesma Palavra que habita em nossas comunidades de fé, em nossa mais profunda consciência e em nossas mentes. Assim, crescendo na fé, crescemos pelo encontro com a Palavra em uma união da mente e do coração, como uma pessoa unificada em consciência única. Mas quando experienciamos plenamente a Palavra, que significa quando a *ouvimos* totalmente, exatamente como quando dizemos o mantra com atenção indivisa e completa, não há mais efetivamente interior e exterior. Estes são meros termos de conveniência, termos que temos que usar dentro das limitações de nossos níveis de consciência. Mas quando somos inteiramente obedientes à Palavra, encontramos a Palavra na sua dimensão de absoluta transcendência. Somos um com a Palavra quando sabemos que estamos para além do interior e exterior. Somos simplesmente um, e a realidade é então vista como uma conosco, somos um com a realidade.

Por isso há uma profunda afinidade entre a meditação e a leitura ou estudo da Sagrada Escritura. E é por isso que, com todos, meditantes ou não, há tempos em que ouvimos o Evangelho com um novo tipo de urgência e com um tipo de discernimento que é mais do que uma interpretação inteligente. É uma ressonância real com a Palavra que é gerada no misterioso e eternamente incognoscível seio do Pai. Um dos frutos mais perceptíveis da meditação, portanto, é uma sensibilidade mais rica e profunda para com a Palavra na Sagrada Escritura.

Conforme John Main expressava: "Isto acontece porque agora nos aproximamos do Evangelho por uma experiência da Palavra interior, a presença interior da consciência de Cristo". Começamos a ler a Sagrada Escritura de dentro da mesma experiência da Palavra que inspirou a sua confecção e escrita. Estamos adentrando na mesma experiência. Começamos a escutar as palavras de Jesus no Evangelho de dentro de sua própria consciência. Seu Espírito nos relembra as palavras e a consciência que uma vez deu forma às mesmas palavras. Então nos tornamos um com a Palavra através das suas palavras. Mas as palavras sempre apontam para a Palavra. A Palavra habita em nós, em nosso coração, e ouvimos plenamente a Palavra de Deus quando adentramos no nosso coração e permanecemos em silêncio. A partir do silêncio nos aproximamos do Evangelho mais sintonizados, pela nossa própria experiência, do caminho espiritual que os evangelhos nos ensinam e nos guiam. Os evangelhos são direcionados para as pessoas que estão em uma jornada ou estão em busca de uma jornada espiritual, que estão no processo de ter suas "mentes renovadas" e suas "naturezas transformadas". Não são meramente textos para análise ou discussão. A Sagrada Escritura como um todo nos chama à conversão, e a sua leitura constante nos encoraja a permanecermos comprometidos com o contínuo processo de conversão. A nossa meditação trata precisamente deste mesmo processo de conversão.

Pense a respeito da Parábola da Ovelha Perdida, aquela que se separou e que é mais preciosa para o pastor do que as noventa e nove que nunca se perderam. Cada um de nós quer a atenção especial de Deus. Não queremos ser tratados somente como mais um membro do rebanho, como uma partícula de poeira cósmica. Queremos ser especiais, queremos ser importantes de uma maneira que nenhuma outra ovelha é. Este desejo inibe cada um de nós, mas a tentativa de obter tratamento especial ou nossa mágoa por não consegui-lo é um empreendimento mascarado de controlar Deus. Há muitas técnicas de dominação e controle. A maioria delas está disfarçada de obediência ou subserviência e dá vazão ao fenômeno de egoísmo religioso, de falsa humildade. Contanto que permaneçamos dentro dos limites de nossa consciência, uma vez que o limite da consciência seja o egoísmo, as nossas motivações são confusas e nossa sinceridade não é clara. Se permanecermos dentro dos limites de nossa consciência durante a oração, então estaremos sempre exigindo de Deus um tratamento especial. O que eu quero. O que eu preciso. Ficamos nos limites do desejo. Nossas orações permanecem como se ainda estivessem presas pelo egoísmo enquanto estivermos envolvidos com as atividades da mente nos pensamentos, palavras e imagens. Persistimos, por exemplo, no estágio da oração de petição – pedindo por coisas novas, preocupados com nossas necessidades mais prementes, preocupado comigo mesmo, com minhas necessidades especiais e a atenção especial que exijo.

Então, em parte, estamos usando uma técnica de dominação, tentando obter que Deus faça o que queremos que Ele faça. Assim estamos sofrendo de uma grande distorção que é conhecida como orgulho, que é o início do pecado. A distorção é que pervertemos nossa singularidade em separação. Enganamo-nos ao pensar que, porque somos únicos, então estamos separados. Assim a singularidade torna-se algo que experienciamos somente como separação. De fato somos únicos. De fato somos insubstituíveis. De fato Deus é eternamente e incondicionalmente preocupado com as minúcias das nossas necessidades diárias tanto quanto com os grandes eventos de nossas vidas. A paternidade de Deus é uma parte essencial da revelação cristã. Mas a consciência do ego desconfia disso operando somente dentro de seus próprios limites. Ela interpreta esta singularidade como separação e então tenta protegê-lo. Conhecemos o sofrimento e os absurdos que emanam deste grande erro, desta grande *queda* que leva ao desastre da tragédia e do absurdo do pecado. É isto que essa parábola, com uma maravilhosa simplicidade, descreve "a ovelha que se perdeu".

O paradoxo na experiência da salvação é que este é o momento de libertação. É o momento em que conseguimos obter uma atenção especial e singular. Uma vez que tenhamos nos perdido, somos *encontrados*; tendo pecado, somos *perdoados*. O ego, depois de ser persuadido dolorosamente de que a separação é o caminho para o desastre, entrega-se então à consciência indivisa, ao verdadeiro eu, e assim descobre o verdadeiro valor pessoal. Nosso valor é que somos únicos, infinitamente amados. Passamos por este processo de redenção de diversas maneiras e muitas vezes. De fato, passamos por ele cada vez que meditamos. Nós morremos para a separação. Despertamo-nos para a singularidade. Mas é a nossa própria singularidade dentro do rebanho o qual é, agora, nossos irmãos e irmãs correspondidos no amor de maneira igual e singular. A economia do Reino não é egoísta e empresarial. O bem de todos aumenta a felicidade e o bem-estar de cada um e do todo. A maravilha do Evangelho é que ele revela o amor universal e unificador da Palavra por nós. O amor já está em nossos corações.

Nós somos encontrados. O amor nos chama à realização neste conhecimento. Não é uma coincidência que é a *palavra* do mantra que nos conduz à simplicidade, quietude e silêncio que nos permite escutar a Palavra.

CAPÍTULO XXV

Estágios de felicidade

Momentos antes pediram-me que eu segurasse um bebê. Enquanto eu o segurava, pensava que estava fazendo um bom trabalho de mantê-lo quietinho. Ele estava confortável e parecia satisfeito. De repente, do nada, ele começou a berrar e a chutar. Parecia querer morder, então eu o devolvi a sua mãe o mais rápido que pude. Tão logo ela começou amamentá-lo ele se acalmou, balbuciando com grande satisfação, felicidade perfeita. Pouco tempo depois a segunda criança da família entrou. Ele tem mais ou menos três anos, está evidentemente muito enciumado do bebê que recebe tanta atenção, e se empenha em desviar a atenção de todos na sala para *ele*. Pouco depois, para acrescentar à confusão da comédia doméstica, a terceira criança da família, de mais ou menos dez anos, entrou, absolutamente furiosa e gritando de raiva. Ele agrediu o mais novo por ter quebrado um de seus brinquedos e a sala caiu em um completo pandemônio emocional. De modo geral, acho eu, era uma família muito normal. Na realidade, era uma família extraordinariamente feliz.

As crianças estavam claramente manifestando os diferentes estágios de desenvolvimento, diferentes estágios do ego, diferentes estágios do desejo. Estes são estágios de crescimento pelos quais todos nós passamos, e carregam emoções que podemos reconhecer e tolerar em crianças. Podemos até compreendê-los e achá-los divertidos. Eles são estágios da consciência que nunca são completamente erradicados com o nosso crescimento. Eles se parecem muito com os anéis de crescimento de uma árvore. Estão marcados em nós. Todos nós temos o bebê, a criança e o menino furioso adormecidos em nós. Em nossos momentos de maturidade ou quando somos bem-sucedidos em apresentar uma *persona* mais amadurecida, podemos desconfiar dessas marcas e tentar nos persuadir de que elas realmente ficaram para trás. Em tempos mais claros de autoconhecimento podemos, porém, detectar estes reflexos primitivos em nosso comportamento atual, relacionamentos e reações. Acima de tudo, é em nossos desejos, em nossas satisfações e desapontamentos que detectamos uma dimensão de nós mesmos em que o tempo parece não fluir, um *aeon* em nossa psique em que o tempo é estático e o passado ainda não se transformou em futuro.

Estas três crianças representam o que todos temos dentro de nós: certo reflexo do desejo. Os primeiros estágios de nosso desenvolvimento, depois que passamos por eles, não cessam de exercer sua influência sobre nós, mas eles têm que ser absorvidos gradualmente pelos outros estágios. Eles têm que se reconciliar com a pessoa em que estamos nos tornando; eles têm que nos alcançar. A criança que berra em nós, porém, não é auxiliada a crescer pela violência ou por ser forçada ao silêncio; é auxiliada por ser amada no crescimento por um *self* mais maduro. É desta maneira que a meditação é um elemento essencial no processo do desenvolvimento humano. Quando meditamos, estamos integrando todos os diferentes níveis de nossa consciência; tornamo-nos reconciliados com nós mesmos. A primeira dimensão da meditação é sempre aquela do relacionamento com nós mesmos, mas como de fato integramos o passado pessoal, os primeiros níveis da consciência, estamos aprofundando nossa habilidade de nos relacionarmos com os outros de uma maneira mais amorosa e madura.

Ver a meditação desta maneira, e ainda ver somente parte dela, pareceria ser outro método de autoajuda que não está integralmente associado com qualquer realidade ou ensinamento espiritual. Em nossa sociedade, muitas pessoas, senão a maioria, começam a meditar sem uma clara compreensão espiritual do processo de desenvolvimento humano. Mas, quando meditamos, algo acontece. Podemos, de fato, começar a meditar motivados pelo desejo, um dos primeiros estágios de desenvolvimento psicológico, considerando-a como um atalho para a felicidade, uma maneira de conseguirmos o que queremos, satisfazendo nossos desejos, tornando-nos seguramente autônomos. Enquanto compreendemos a felicidade como o produto de nossos desejos, meditaremos por razões inadequadas. Por muito tempo continuamos a equacionar felicidade com a satisfação dos desejos, porque ainda embarcamos na mais instigante e admirável parte da jornada humana, que é a renúncia do desejo. Iniciar este extraordinário estágio de desenvolvimento rumo à verdadeira felicidade, rumo à alegria é o que a meditação nos permite fazer. O dia em que começamos a meditar com um compromisso sério – pode não ser um compromisso perfeito e pode, de fato, levar um bom tempo até entrarmos na disciplina da meditação – mas o dia em que nos aplicamos seriamente, então este dia é o início eternamente repetido de nossa jornada real. Meditando com simples e constante regularidade – e é isso o que pede uma disciplina – cada dia e duas vezes por dia, então um extraordinário processo de despertar começa a se abrir. Começamos a enxergar, não porque ouvimos falar, mas porque *sabemos* que, como disse Tolstói, "a felicidade não consiste na satisfação de nossos desejos". Não somos felizes porque conseguimos o que queremos.

Esta descoberta é surpreendente e de fato profundamente perturbadora. Abala os fundamentos de nossas convicções mais antigas – convicções que aprendemos desde quando bebês e que foram reforçadas à medida que o ego crescia e se fortificava e que, de fato, são a maior influência de nossa sociedade para ser asseverada. Parece quase uma verdade trivial para uma pessoa moderna e pós-religiosa dizer que somos felizes porque conseguimos o que queremos. Na TV, alguns evangélicos da igreja pós-cristã não têm escrúpulos de proclamar tal convicção. A felicidade, porém, não consiste em obter o que queremos, porque o desejo em si mesmo nos torna infelizes. É o *querer* que nos faz infelizes. Quanto mais desejos temos, mais infelizes somos. E se há um descontentamento tão profundo e uma ansiedade tão impregnante em nosso tempo, é porque o desejo e a produção de desejos, o consumismo dos apetites, têm se tornado a maior característica de nossa sociedade.

Quando as pessoas estão infelizes, muitas vezes se voltam para a religião e podem então ficar profundamente desapontadas quando percebem que a religião também não as torna felizes. A infelicidade religiosa produz um grande número de ateus funcionais que se disfarçam, vivem e falam como pessoas religiosas. A religião falha ao conduzi-los para a felicidade simplesmente porque eles desejam a Deus, e desejar a Deus o torna imediatamente inatingível. Não há nenhuma surpresa sobre isso quando olhamos para a analogia das dinâmicas do relacionamento humano. Por outro lado, *amar* a Deus o atrai para nós ou para fora de nós ou nos atrai a Ele, seja como quiser colocar. Por isso a meditação conduz à verdadeira religião; a palavra "religião" significa literalmente uma re-conexão, uma re-ligação. Por isso a meditação é um caminho espiritual, pois estamos *amando* a Deus, não desejando a Deus, da maneira mais pura e mais simples quando meditamos. Por esta razão, quando meditamos, não estamos pensando sobre Deus, não estamos tentando agarrar Deus ou qualquer experiência de Deus. Não estamos tentando fazer nada acontecer. Não estamos pensando sobre nós mesmos, sobre nossa felicidade ou infelicidade.

Então o que estamos fazendo e como podemos fazê-lo? Estamos aprendendo a dizer o mantra e o fazemos escutando-o. É absolutamente simples. O mantra nos levará para fontes profundas de alegria, libertando-nos das imagens que nos mantêm presos ao desejo, aos padrões, hábitos e ciclos do desejo. Lança-nos livres de todas as imagens e gradualmente nos liberta do desejo em si mesmo. Conduz à fundamental felicidade da bem-aventurança, se seguimos todo o caminho. Um dos problemas ou desafio do caminho não é, estranhamente, a dificuldade ou a sua disciplina, mas a descoberta da felicidade em si mesma. Não estamos acostumados a sermos felizes, verdadeiramente felizes, pois o que normalmente identificamos como felicidade é somente satisfação. Conhecemos a satisfação quando conseguimos o que queremos e o possuímos brevemente, mas a satisfação não leva à felicidade. A meditação, porém, leva a uma completamente nova experiência de ser feliz, ainda que não consigamos obter o que desejamos, e isso é desconcertante para nós e muito desafiador. Ela nos faz a pergunta perturbadora de onde a felicidade vem. A sabedoria diz que é preciso mais coragem para ser feliz do que perseguir a satisfação do interminavelmente recuante desejo. Esta descoberta é o que o Novo Testamento chama de adquirir uma nova visão espiritual. É sobre a renovação do coração e da mente.

Outro estágio do desenvolvimento, o estágio final, é tornar-se plenamente iluminado pela luz de Deus. Chegar à verdadeira inocência da iluminação que Jesus disse que devemos desenvolver se queremos entrar na felicidade do Reino dos Céus é o propósito da meditação. Se viveremos nossa vida agora, enraizados na realidade deste Reino que já está presente em nossos corações, precisamos de coragem para meditar cada dia sem desejo, renunciando ao desejo: a coragem de ser feliz, unidos a todos os nossos "eus" anteriores. São Paulo fala disso aos romanos:

> *Exorto-vos, portanto, irmãos, pela misericórdia de Deus, a que ofereçais vossos corpos como sacrifício vivo, santo e agradável a Deus: este é o vosso culto espiritual. E não vos conformeis com este*

Não há melhor modo cristão de compreender a meditação do que por estas palavras de São Paulo, a adoração oferecida pela mente e pelo coração que leva a uma integração com nós mesmos e que nos transforma em Deus.

CAPÍTULO XXVI

A necessidade
do fracasso

Os primeiros cristãos concebiam Cristo como o *Logos*, a Sabedoria encarnada de Deus. A sabedoria deve sempre ser universal, exprimível no pensamento e na linguagem de todas as culturas. Senão, não é sabedoria, mas mera inteligência, limitada em si mesma. Estas palavras de um antigo filósofo chinês são palavras de sabedoria:

> *Esvazie-se de tudo, deixe a mente descansar em paz. As dez mil coisas se levantam e caem enquanto o eu testemunha seu retorno. Voltar à fonte é quietude que é o caminho da natureza. O caminho da natureza é imutável. Conhecer a constância é discernimento. Desconhecer a constância conduz ao desastre. Conhecendo a constância, a mente é aberta. Com uma mente aberta você será um coração aberto. Sendo um coração aberto, agirá realmente. Sendo real, você obterá o divino.*

Lao Tsu aqui descreve de maneira maravilhosa o processo e propósito da meditação. A beleza destas palavras é a sua verdade universal e a sua simplicidade. A meditação, também, é absolutamente verdadeira e simples.

Quando você está fazendo um trabalho muito simples, e continua falhando em fazê-lo corretamente, não há nada mais irritante do que ter alguém ao lado lhe dizendo o quão simples é. Mesmo assim precisamos ser lembrados de que é simples ou o fracasso irá nos persuadir falsamente de que, de fato, é complexo. E, acreditando nisso, nunca sucederemos. Simplicidade, complexidade, fracasso. Estas são todas as experiências que se tornam muito reais e imediatas para qualquer um que esteja meditando. É melhor estarmos preparados para elas. Para mantermos essas experiências claras e distintas, para estarmos de mente e de coração abertos, precisamos ao mesmo tempo termos acesso a um claro ensinamento espiritual e termos outras pessoas com quem meditar.

O ensinamento da meditação é a quintessência da simplicidade e da claridade. Depois de ter sido dado inicialmente, o ensinamento significa somente um lembrete. Para aprender, você tem que somente permitir-se ser lembrado. Aprender a meditar é não somente escutar o ensinamento ou ser lembrado dele. É a prática do ensinamento e um recordar pessoal. É retornar à fonte. Este retorno é o "caminho da natureza" e assim a meditação é um caminho natural. A prática da meditação conduz o meditante à sua própria natureza. Aprendemos que possuímos uma natureza humana comum, compatilhando-a com todas as outras pessoas. Assim como Deus tem uma natureza compartilhada por três pessoas, também a humanidade, à imagem de Deus, é uma natureza compartilhada com todas as pessoas humanas. Nada é mais simples do que descobrir isto na meditação, exceto a iluminação para a qual a simplicidade conduz, que é a unidade e a união em si mesma.

O propósito da meditação é, porém, abandonar estes pensamentos e continuar a dizer o mantra. Pode parecer confuso para nós porque buscamos nossos mais altos valores na mais pura esfera do pensamento, mas o pensamento é somente parte do caminho. A complexidade que encontramos seguindo este caminho está em nós, não na meditação em si. É *muito* fácil, claro, projetar ou transferir nossa complexidade interior para o ensinamento. Então começamos a dar muito valor às técnicas de oração. Como sentar-se, como respirar, dietas, leituras, decoração – tudo exterior – podem absorver-nos e fazer com que nos esquivemos do trabalho de simplificação. A complexidade sempre externaliza a luta, mas externalizar algo que é realmente interior é evitá-lo. É fuga. A meditação é uma recusa da fuga. É sobre aceitação, não evasão. É sobre recepção, não rejeição. O fracasso é, não para nossa surpresa, uma inevitável experiência para qualquer um no caminho da realidade espiritual. Se você não fracassa, nunca haverá chance de suceder. Se não aprendemos como lidar com o fracasso, nunca aprenderemos como ser humildes, ou, como Jesus disse, "como uma criança", o bastante para entrar no Reino. Adentrar no Reino significa que o Reino, o poder de Deus, está dentro de nós, no mais profundo de nosso ser.

Fracassamos na meditação muito naturalmente, e não deveríamos ficar infelizes em fracassar. Falhamos por falta de atenção; é estranho o quanto somos distraídos, como a simples tarefa de dizer o mantra é tão difícil de executar. Toda a sorte de distrações, toda sorte de sentimentos fluem para tirar-nos do percurso e continuamente nos relembram de como é a sensação de fracasso. Fracassamos na falta de perseverança, especialmente nos primeiros anos de meditação. Pode ser que ajude medir o progresso da meditação em termos de anos ao invés de semanas ou meses. Todos nós falhamos na perseverança. Mas falhamos menos à medida que perseveramos. Desistimos, mas começamos novamente.

Provavelmente desistimos muitas vezes porque nossa noção de sucesso é de todo errada. Não somente estamos julgando a nós mesmos e a nossa meditação, mas também estamos fazendo mau juízo porque não sabemos o que é o sucesso. Por isso falhamos em reconhecer o verdadeiro significado e a natureza do fracasso. Se a meditação fosse somente uma questão de dominar uma técnica, então o fracasso seria definitivo. Seria um desastre, sem segunda chance. Você conserta o interruptor, liga-o e nada acontece – isto é uma falha mecânica. Mas o fracasso na meditação não é mecânico, porque a meditação não é uma técnica. O espírito humano não é um mecanismo. O fracasso na meditação simplesmente abre o caminho para um nível mais profundo da experiência. Ele "abre" o caminho. Cabe a nós entrar por esta abertura, se somos humildes e corajosos o bastante para prosseguir, mas, se somos muito orgulhosos para aceitarmos o fracasso, damos meia-volta.

O fracasso na meditação é como o fracasso em um relacionamento. Uma intensificação de amor, perdão e fé podem transformar o desastre em uma maravilhosa oportunidade para um novo crescimento. O fracasso é transformado em sucesso num piscar de olhos. Este é o milagre, não de uma máquina, mas de um espírito vivo. O milagre da vida é renascimento e ressurreição. A meditação é a sobrevivência de um relacionamento com a vida em si mesma. É a realização do mais simples, do mais fundamental relacionamento de nossa vida: o relacionamento com Deus. Mas é um relacionamento que contém todos os outros relacionamentos da vida e é por isso que a meditação tem um efeito tão profundo sobre a nossa vida. Não estamos reparando a margem do círculo, estamos abraçando toda circunferência do centro.

Para meditar, você precisa reservar um tempo real a cada dia, de manhã e à noite. Você pode enxergar como um "investimento" de tempo ou como um "sacrifício" de tempo. De uma maneira ou de outra, é uma disciplina que transforma a sua vida. O primeiro sinal de que a meditação é um relacionamento de doação de vida é que ela nos leva diretamente ao centro de nós mesmos. Isto é certamente uma surpresa e uma dificuldade. Nenhum de nós é exatamente o que parece. Sabemos disso em relação aos outros, mas também descobrimos que não somos nem mesmo o que parecemos para nós mesmos. O desmascarar da ilusão, das imagens falsas e a emergência da verdade é a realidade e a dinâmica da meditação. Isto é *o que é*. *Por que* deveríamos meditar? Se *o que* não torna o *porquê* autoevidente para o cético, então nada mais o fará.

Vejamos por outro ângulo. Digamos que meditamos para que possamos passar pelo sofrimento, para acabar com o sofrimento. Isto é o *porquê* e *o que* Buda ensinava. É para o que a filosofia chinesa aponta. É o que Jesus torna humana e universalmente possível, convidando-nos a compartilhar sua transcendência do sofrimento. Isto significa compartilhar também seu fracasso. Não há renascimento sem a morte precedente.

A razão mais frequentemente dada que ouço sobre o *porquê*, em face de tudo isso, de as pessoas não meditarem, é que elas não têm tempo o suficiente. É uma razão extraordinária, se você realmente concorda com o *porquê* e com o *quê* da meditação, ou *até mesmo* se você pensa que poderia ser verdade. "Só não tenho tempo". O único fato sobre o qual poderíamos pensar que não temos tempo para tal prioridade mostra o quão urgente precisamos fazer o tempo. É como dizer que não há tempo para comer ou "Não tenho tempo para respirar". É uma lógica semelhante para a desculpa que as autoridade na Cidade do México dão para não introduzirem medidas de controle de poluição, pois isso atrasaria a expansão econômica. Podemos encontrar muitas razões tão absurdas como estas para *não* meditar. A mais convincente de todas as razões, porém, *para* meditar será a nossa própria experiência, se somente dermos o primeiro passo da fé em direção a ela. O primeiro passo é a libertação de nosso espírito do medo paralisante do fracasso pessoal e a entrada rumo à universal realização de Cristo.

A simplicidade exige prática. Ela requer prontidão para começar. Isto significa não julgarmos a nós mesmos ou a nossa meditação diária, mas começar significa também continuar recomeçando. Tudo isso é o que o Evangelho chama de fé. Ele nos diz que entramos no Reino de Deus pela fé. O Evangelho é:

> [...] a força de Deus para a salvação de todo aquele que crê... Porque nele a justiça de Deus se revela da fé para a fé, conforme está escrito: "O justo viverá da fé" (Rm 1,16-17).

CAPÍTULO XXVII

O medo da morte

Como regra, é aconselhável não falar ou preocupar-se muito com qualquer experiência que possa acontecer durante a meditação, ou como resultado da meditação. Mas toda regra tem uma exceção e fiquei impressionado pela inspiração que veio da descrição de uma experiência que alguém narrou recentemente a um grupo de meditantes. Ele tem meditado por muitos anos com a falta de "experiência" comum que acompanha a mudança silenciosa e constante em nosso eu pessoal e em nossa vida. Nove meses atrás, ele tinha sido diagnosticado de câncer.

Descrevia como ele tinha ido primeiramente ao médico para ser examinado, não esperando escutar que qualquer coisa estava seriamente errada. Mas o médico pronunciou a palavra câncer, a palavra que todos temem ouvir. Isto o chocou e o impressionou. Mas então, naquele exato momento, ele ouviu o mantra. O mantra começou a soar e ergueu-se em seu coração com uma grande paz e certeza. Daquele momento até o momento em que estava falando, ele compreendeu mais profundamente a cada dia o ensinamento de John Main de que, através do mantra, aprendemos a passar o controle a Cristo. Ele sentia cada dia mais profundamente a presença orientadora do Espírito de Cristo com ele. À medida que ele descrevia isso, lembrei-me de uma frase que John Main usou em uma das últimas cartas que escreveu, descrevendo sua doença e a dor. Ele finalizou dizendo: "Mas não importa, tudo isso é o Senhor".

O meditante passou por várias operações em um curto período de tempo. Depois de uma, ele estava deitado recuperando-se da anestesia, sentindo-se na mais baixa maré de vida e de energia que jamais tinha experimentado. Sentia-se absolutamente sem forças, totalmente fraco, indefeso como uma criança recém-nascida. Deitado como estava, vagarosamente recuperando a consciência, ouviu novamente o mantra. Mas agora, disse ele, não foi como se o mantra se elevasse de seu próprio coração. Parecia elevar-se do coração de todos os crentes. Ele ouvia o mantra como ressoava com ressonância universal e o levou a uma consciência de oração cósmica. Então ele fez uma pausa, sorriu e disse: "Sabe, esta foi a melhor meditação que tive!"

O que ele compartilhou conosco é a experiência do mantra como um caminho que nos prepara para sermos enraizados em nosso próprio coração e no "Espírito Universal" que habita nele. Isso chegou a ele depois de um longo período de meditação fiel. Veio até ele quando estava diante da morte, depois que tinha quase morrido. A morte certamente nos simplifica e aguça a nossa consciência. Assim talvez não seja uma surpresa que alguém, diante da morte, desprotegido do medo desta e adentrando no total desamparo diante da sua presença, esteja aberto ao relacionamento fundamental de sua existência.

Mas e nós, agora? Esperamos aquele encontro com a morte, mas vivemos como se ela nunca viesse. Poderia a meditação nos levar àquela mesma percepção admirável que ele experimentou? Poderia ela nos dar a certeza, a tranquilidade e serenidade, a esperança e a coragem que ele encontrou? Poderia a meditação dar-nos isso, levar-nos a isso, enquanto vivemos e não somente quando estamos para morrer?

A oração nos dá isso se compreendemos o que realmente significa viver e morrer. Meditando, dizendo o mantra, estamos morrendo e estamos diante da morte a cada dia. E se estamos diante da morte a cada dia, se nos permitimos morrer um pouco mais a cada dia, então a experiência da morte nos permitirá viver cada dia *mais* plenamente. A morte encarada com fé nos leva para além do medo da morte e faz com que vivamos cada dia com certa esperança de vida eterna. Esta esperança é a razão de a meditação ser um estilo de vida. Porque é um caminho para morrer. A morte elimina nosso senso de futuro e nos força a nos concentrarmos no momento presente. Para onde mais temos que ir? Quando realmente encaramos a morte, estamos totalmente no momento presente. Entramos na eternidade antes de morrermos, se encaramos a morte com esta atenção comprometida. Mas sempre tentamos escapar do momento presente. Normalmente fugimos do presente, seja por vivermos no passado, ou por criarmos um mundo de fantasia. Mas quando estamos meditando, a repetição do mantra elimina as duas opções ou escapatórias. Não há para onde ir, exceto ficar *aqui*. O mantra aponta para uma direção, para a direção do centro. É um caminho estreito, mas é o caminho da verdade. Seguindo o caminho do mantra, aprendemos a dizê-lo com coragem e humildade, levando-nos ao longo do caminho no qual morre tudo o que nos impede de chegarmos à plenitude da vida. Morremos a cada dia na fé e esta é a suprema preparação para a hora de nossa morte. Mas como um caminho de morte na fé, inevitavelmente, confrontamo-nos com duas forças poderosas que devemos nos preparar para enfrentar: as forças do medo e da raiva.

Toda vez que sentimos o "cheiro" da morte experienciamos o medo e procuramos evitá-lo. A palavra "cheiro" é talvez a melhor forma de descrever algo que faça parte de nosso instinto animal. Como seres humanos, porém, reprimimos o medo da morte porque queremos evitar até mesmo a sua ideia. A repressão do medo, especialmente quando ele é desafiado pela realidade, pelo mantra, causa raiva. É a resistência que experimentamos em nossa meditação diária. Assim, é necessário uma grande fé para dizer o mantra, realmente permanecer sentado e dizê-lo. Não pensar sobre como dizê-lo, não pensar sobre nosso sofrimento, nossas esperanças, exceto dizer o mantra. Dizer o mantra é ter coragem de esquecer os nossos problemas não importa o quão prementes ou urgentes. É necessário uma fé forte para continuar a dizer o mantra durante as tempestades do egoísmo. Mas dizê-lo em si aprofunda a fé.

Estava conversando um tempo atrás com um amigo que estava meditando há dois anos durante os quais, ele disse, sentia um total e absoluto fracasso espiritual. Ele meditava todos os dias, duas vezes por dia por meia hora, mas nunca se levantava da meditação sem o sentimento de que tinha fracassado em fazer tudo o que era suposto fazer. Não conseguia dizer o mantra com uma atenção real. Embora, dizia ele também, muitas vezes, nos últimos vinte segundos da meditação, ele sentia que estava começando a dizê-lo da forma apropriada quando o alarme soava. Mas durante todo o tempo da meditação ele se sentia inundado de distrações, tempestades de raiva, perturbações e turbulências. Então eu disse: "Mas por que então continua?" Ele disse: "Continuei porque eu *sabia* que estes tempos de meditação eram os tempos mais espiritualmente frutuosos da minha vida". Embora estes períodos de meditação parecessem fracassos, não falhava em enxergar o seu fruto na sua vida diária. Esta fecundidade transformou seu fracasso e raiva, senão ainda em alegria, ao menos em esperança e fé.

A raiva que desenterramos quando meditamos pode muitas vezes obscurecer até mesmo o senso de fecundidade da meditação na vida comum. Vai depender de quanta raiva existe, do quão forte se tornaram as forças de repressão, de quão profundo é o medo. Mas independente de quanta raiva exista, quando é liberada, irá distorcer a realidade; irá fragmentar e contrair a maneira como percebemos a realidade. Temos que ser *muito* fiéis à nossa verdadeira visão durante estes tempos de distorção. A liberação da raiva nos leva à rejeição de nós mesmos. Torna-nos muito desagradáveis para nós mesmos. A raiva, de certa maneira, se volta para nós mesmos. Mas também, infelizmente para aqueles à nossa volta, nós a projetamos nos outros.

Em outras palavras, a raiva e o medo que dela brota são tudo que a meditação não é. A raiva mais profunda vem de nosso medo mais profundo – da morte. Mas também vem de toda sorte de causas secundárias e de tudo o que é feita nossa história psicológica. Precisamos estar atentos quando meditamos e, enquanto estamos nos purificando desta raiva, não é nossa preocupação mapear de onde vem. O importante é que estamos nos esvaziando dela. Não importa a análise de onde ela vem, mas importa é que digamos o mantra. É importante que o amor ativo na fé do mantra tire a raiva do coração. Começamos a meditar com uma grande vantagem se começamos com uma fé na qual somos capazes de compreender que a raiva é removida pelo poder de Cristo. Dizendo o mantra, aprendemos a ficar enraizados no Espírito Universal, o Espírito que Cristo soprou em nós, o Espírito pelo qual Cristo vive em nós. Cristo, no poder do Espírito, pode expulsar aquela raiva, pois Ele é aquele que venceu o primeiro medo da morte e que agora tem o poder de nos libertar dele. Tal esperança, como diz São Paulo, traz a suprema confiança de vivermos nosso destino como vocação. Nasce da consciência cristã de que o amor divino na humanidade de Cristo expulsa todo medo:

> *Deus é amor: aquele que permanece no amor, permanece em Deus e Deus permanece nele. Nisto consiste a perfeição do amor em nós: que tenhamos plena confiança no dia do julgamento, porque tal como Ele é, também somos nós neste mundo. Não há temor no amor: ao contrário, o perfeito amor lança fora o temor* (1Jo 4,16-18).

CAPÍTULO XXVIII

A cruz

A cruz é o paradoxo cristão supremo. É o *koan* cristão, o enigma. E assim coloca uma questão que só podemos responder se entrarmos nesse mistério. A cruz expressa o paradoxo central da existência humana de que a vida somente encontra sua completude, sua última realização pela morte. Este paradoxo está presente visualmente pela forma da cruz em si, da maneira absoluta com que as duas linhas se cruzam, o horizontal e o vertical, o humano e o divino. Na intersecção, encontramos o ponto de referência essencial, o centro de nossa jornada para a plenitude da vida.

A crucifixão foi um evento histórico. Durou umas poucas e terríveis horas. Mas por causa da singular intersecção das naturezas humana e divina da pessoa crucificada, o evento da crucificação transcende o tempo e preenche a história. A intersecção do eterno e do temporal, que libera o poder e o sentido da cruz, não estava restrita à consciência individual e humana de Jesus. Sua influência penetrou em cada consciência humana e está dentro de cada um de nós como uma força viva e uma realidade presente. E foi possível implantar-se em cada consciência humana, antes e depois do seu evento histórico, somente pelo poder do amor divino que estava operante na cruz através do homem Jesus. Somente o mediador do mais puro amor divino poderia implantá-lo em cada um de nós porque somente o Criador do amor pode amar cada ser humano simultaneamente, plenamente, pessoalmente e singularmente. Cada um de nós carrega o mistério da cruz dentro de nós, pessoalmente, e, assim, cada um de nós deve realizar o mistério pessoalmente, de maneira singular. É isto que queremos dizer quando expressamos, embora não possamos compreender plenamente o que queremos dizer com isso, que Jesus morreu pelo seu amor por cada um de nós. O mistério da cruz é que é ao mesmo tempo singularmente pessoal e plenamente universal. Em outras palavras, é uma realidade ao mesmo tempo transcendente e imanente. É a plena realidade, uma realidade divina que penetra e transfigura a realidade humana que é sempre parcial, incompleta.

O que foi transcendente na cruz? Foi a força autolimitante e autoprotetora da consciência humana, que chamamos de egoísmo, que foi crucificada. Como diz São Paulo: "Jesus tornou-se pecado por nossa causa". Ele assumiu tão plenamente a transferência do egoísmo daquele que, com todo o frenético medo do ego, rejeitou a oferta de sua plena e total individualidade que Ele, que é inteiramente sem limites, sem pecado, tornou-se o que não é. Transcendemos os últimos vestígios do egoísmo no mistério purificador da morte quando nos tornamos plenamente nós mesmos, simplesmente o que somos chamados a ser, plenamente um com Deus que é a Trindade universal e pessoal. A cruz foi o autoabandono total e pessoal de Deus, sua renúncia de existência pessoal por nós. Tornou-se, na humanidade de Jesus, o sacrifício de todo egoísmo humano, da mera individualidade. A Ressurreição é a aceitação deste sacrifício pelo Pai. Por isso a cruz só pode ser compreendida propriamente e compartilhada à luz da Ressurreição. Este é o brilho da humanidade divinizada de Cristo que eclodiu quando completou o ciclo de sua missão e retornou ao Pai. O poder de sua humanidade divinizada habita e se move dentro de nós, mas nunca é forçado em nós. O amor consegue não usar de força. Ele espera, encoraja, mas não força. Este poder precisa ser enxergado, aceito, assumido. Cada meditação e toda a jornada da meditação pela vida é simplesmente ver, aceitar e adentrar neste poder. Ele é realizado quando é visto, é visto quando é aceito e é aceito quando adentramos nele. Adentramos nele à medida que aprendemos a viver continuamente no ponto daquela intersecção no centro de nosso ser. Adentramos no paradoxo, da maneira em que é revelado em cada vida.

Na cruz, Jesus chorou na angústia de seu autoabandono, na medida em que experimentou a ausência de seu Pai. O Pai que o "abandonou" ficou "um" com seu próprio eu, e assim o autoabandono de Jesus foi a *kenosis* do total desapego, embora não separação do seu Pai que o gera eternamente. Seu grito foi o ponto mais profundo do sofrimento humano atingindo proporções divinas. Alcançando este ponto, porém, seu espírito humano descobriu a abundância de amor do Pai pelo Filho e, no Filho, por toda a humanidade e a criação. A presença absoluta do Pai na criação está manifesta na união do Espírito de Cristo com o Pai. Na cruz, Jesus perdoou a seus assassinos porque compreendeu sua cegueira, sua ignorância e dureza de coração. Pela integração dos dois eventos na cruz – o desespero e o perfeito amor – Jesus nos ensinou e nos outorgou o poder de ficarmos nesta intersecção do humano e do divino e vivermos do poder de seu centro.

O poder da cruz está presente em nosso próprio centro do ser. Ele desintegra nosso egoísmo. Ele transforma nosso espírito para que sejamos capazes de suportar o sofrimento. Mas se o virmos somente como tolerância, não vemos a cruz à luz da Ressurreição. Por esse nó somos capazes ao mesmo tempo de tolerar e de amar. Quando Jesus perdoou a seus inimigos, Ele os amou. Provou para nós a verdade mais importante que tinha que ensinar, que até mesmo o sofrimento absoluto não pode destruir a capacidade divina que possuímos, que é a capacidade de amar. Ele nos ensinou que o amor é insaciável e indestrutível e que até mesmo a morte, o supremo sofrimento pelo qual passamos, não destrói o amor. Aprendemos, a partir da cruz, à luz da Ressurreição, que todo amor é divino, a manifestação de Deus na maneira humana de ser. Portanto, o amor é a divinização do homem. Estas são as lições que aprendemos não meramente pela reflexão sobre a Paixão, mas principalmente através da experiência da Ressurreição. Aprendemos isto através dos eventos reais desvelados pelo paradoxo de cada vida. À medida que acontece, podemos ver a presença simultânea da realidade da cruz e da ressurreição como os dois polos de nosso próprio paradoxo e, assim, vemos a forma de Cristo sendo moldada em nossa vida. A visão é a iluminação da nossa consciência pelo Espírito invisível e sem forma.

Ao meditar, aprendemos a aceitar a centralidade da cruz na vida humana. Nós a vemos contida, mas não negada, à luz da Ressurreição. Aprendemos a aceitar a tragédia que é cada cruz e a compreender a dimensão trágica de cada vida humana em toda existência humana. Quando meditamos, percebemos que esta compreensão é o reverso da morbidade ou do pessimismo, porque quando a dimensão trágica é assumida, ela leva à alegria. Ela nos purifica, nos prepara e expande nossa capacidade para a existência. O que leva à morbidade, ao pessimismo e ao desespero é a tentativa de evitar o trágico. Suponho que cada sociedade tenha tentado evitá-lo ou reprimi-lo, mas a nossa sociedade, mais do que qualquer outra que a tenha precedido, coloca todo empenho, com os maiores recursos para suprimir a realidade da vida. Sacrificamos a plenitude da verdade, sacralizando o ego no centro de nossa vida e alimentando a ilusão de uma terra sem a morte. Assim vivemos uma nostalgia de um paraíso perdido e fracassamos em adentrar no Reino que substitui e transcende tudo o que está perdido no Éden da infância da humanidade.

A meditação nos purifica deslocando o ego e nos levando através de qualquer situação que devemos enfrentar. Ela nos ensina a ter coragem de deixar o ego morrer, não fugir da morte, não nos distrairmos, não mentir a nós mesmos. Ela nos ensina o que a cruz nos ensina, que não podemos *possuir* qualquer felicidade e que não podemos *fugir* de todo sofrimento. Se aceitamos esta verdade básica, então, pelo total esvaziamento, somos totalmente inundados com a alegria da Ressurreição que não conhece limite. A libertação da cruz é a liberdade do egoísmo obtida com a morte de toda possessividade. A meditação nos enraíza no centro universal, naquele ponto pessoal de intersecção em que somos plenos da energia do Espírito de Cristo, plenamente purificado, plenamente realizado e plenamente amado.

> *A linguagem da Cruz é loucura para aqueles que se perdem, mas para aqueles que se salvam, para nós, é poder de Deus. Pois está escrito: "Destruirei a sabedoria dos sábios e rejeitarei a inteligência dos inteligentes. Onde está o sábio? Onde está o homem culto?..." Os judeus pedem sinais, os gregos andam em busca de sabedoria; nós, porém, anunciamos Cristo crucificado, que para os judeus é escândalo e para os gentios é loucura. Mas para aqueles que são chamados, tanto judeus quanto gregos, é Cristo, poder de Deus e sabedoria de Deus* (1Cor 1,18-20.22-24).

A nossa meditação é a resposta ao chamado para assumir a nossa cruz diária, identificar a nossa morte com o morrer de Cristo que carregamos na mortalidade de nossos corpos. Acima de tudo, é a nossa resposta ao chamado para compartilhar a única natureza da divindade, cuja morte e ressurreição abriram para nós.

CAPÍTULO XXIX

O tempo do abandono

A primeira vez que ouvi John Main falar sobre meditação fiquei tocado pela simplicidade com que a descrevia como o caminho para responder ao convite de Jesus para "renunciar a si mesmo". Se hoje eu tivesse que escolher uma frase de Jesus para explicar a outros por que meditamos como seus discípulos, escolheria aquela sua frase: "Se alguém quer me seguir, negue-se a si mesmo" (Mt 16,24). Temos que renunciar a nós mesmos para segui-lo, pois é assim que participamos, com nosso pleno potencial, da sua vida de renúncia do seu espírito na qual Ele desperta para o Pai. Temos que perder a nossa vida para que possamos encontrar a sua vida em nós, da mesma forma que Ele perdeu a sua vida para encontrar em si mesmo a vida do Pai. A meditação não é nada além do caminho que percorremos pelo abandono de nós mesmos na medida em que renunciamos nosso egocentrismo, individualismo e complexidade autocrítica. Não *pensamos sobre* abandoná-los, nós *os abandonamos*.

Algumas vezes, ao seguirmos este caminho do abandono, somos retardados por uma resistência interior. Nós simplesmente não queremos abandonar. Tudo que temos que abandonar, de repente, quer se reafirmar. Em outros momentos, somos impedidos por dúvidas espirituais ou por problemas psicológicos. Nestes momentos cruciais, quando a fé é testada e purificada por novas profundidades da existência, tocamos a necessidade humana de um mestre e de um ensinamento. Nós os descobrimos na solidariedade em que inevitavelmente consentimos pelo seguimento do caminho.

As pessoas hoje necessitam da força de um mestre e de um companheiro de peregrinação para encarar uma questão atual muito perturbadora, mas comum: "Como podemos renunciar a nossa vida antes de possuí-la para poder renunciá-la?" Parece, para nós que somos pessoas formadas pelos valores da autossatisfação e da autodescoberta, que não podemos fazer qualquer progresso porque não podemos renunciar ao que ainda não temos. Se o tivéssemos, nós alegremente renunciaríamos a ele, mas o eu ainda parece incompleto. Não nos sentimos prontos para abandonar o que está só pela metade. A resposta a este dilema não é encontrada tanto por argumentação ou explanações, mas através de uma experiência gradual e tranquila. A experiência da união solidária responde, porque os relacionamentos praticamente nos ensinam que temos que amar o mais plenamente que pudermos agora. Somente chegamos à plenitude abandonando o que ainda está incompleto. Nos relacionamentos humanos descobrimos o fruto do paradoxo de que podemos e *devemos* abandonar nossa vida continuamente para que possamos encontrá-la eternamente.

A princípio, para as pessoas religiosas, parece que nosso relacionamento com Deus é o fator de maior importância em nossa vida. E é claro que o é, exceto pelo fato de que não é um *relacionamento*. O fator mais importante na vida é a *união* com Deus. O que chamamos e entendemos como relacionamento com Deus é uma imagem ou metáfora. O relacionamento é um modo de expressar o indiferenciável mistério de união. Nosso relacionamento com Deus é, então, de absoluta importância. Não pode ser negligenciado ou ignorado. Mas temos que compreender que tipo de importância simbólica tem o relacionamento. Seu sentido está fundado no apoio que temos para crescer na consciência de comunhão pura e não simbólica. Quanto mais plenamente conscientes da comunhão nos tornamos, mais abandonamos a noção de "relacionamento" como tal. Nosso relacionamento com Deus está condicionado pelo tempo. Nossa comunhão com Deus está livre da limitação do tempo. O relacionamento necessariamente envolve aquela parte de nós que está incompleta, ainda em processo de transformação, aquele potencial pessoal que está se tornando o eu verdadeiro. Mas a comunhão com Deus revela a realidade da pessoa completa, que somos chamados a ser *em* Deus, que nos conhece na eternidade e nos escolhe antes da criação do mundo.

A harmonia e a felicidade pessoal, tanto quanto nosso crescimento na plenitude progressiva do ser, dependem do encontro do equilíbrio correto das dimensões divinas e humanas, entre relacionamento e comunhão. Isto é análogo à relação entre o espiritual e o religioso, entre contemplação e ação. O equilíbrio é algo que começamos a compreender somente à luz dos relacionamentos humanos comuns e da extraordinária experiência humana do amor como comunhão. Nesta luz, logo vemos que o equilíbrio em nosso relacionamento-comunhão com Deus, tanto quanto uns com os outros, exige renúncia que só pode ser mantida pela centralidade estável. A experiência humana do amor fornece, como John Main acreditava, o modelo para a jornada da meditação. O amor pelos outros nos ensina a renúncia porque aprendemos, através da experiência humana, que nenhum relacionamento é definitivo. Nenhum "relacionamento" é absoluto. O abandono do romantismo é uma lição dura de aprender. É ainda mais duro lembrar-se disso e colocar em prática nos relacionamentos subsequentes, mas é algo do qual eventualmente não podemos fugir, pois os relacionamentos humanos estão condicionados pelo tempo e, portanto, pela mortalidade. "O túmulo prova que a criança é efêmera" (AUDEN, W.H. *Lulaby*).

Reagimos a essa descoberta com medo ou com coragem. O medo tenta nos persuadir a evitar qualquer relacionamento, uma vez que sabemos que todos estão sujeitos às leis da mortalidade.

Não importa o que amamos, com o tempo morrerá. A coragem nos impulsiona a vivermos o relacionamento com desprendimento. Esta é a coragem de um amor que se torna cada vez mais desprendido, pois os relacionamentos, apesar ou talvez *por causa* de sua mortalidade, revelam comunhão. A morte não pode quebrar a comunhão, embora rompa todos os relacionamentos. A morte abre um vazio imensurável que, como a cruz, revela comunhão. Revela a comunhão que está sepultada no profundo como uma mina de prata nas camadas de todo relacionamento. No desvelar humano da comunhão que é o amor, a consciência desperta e se move rumo ao crescimento. E começamos a perceber cada relacionamento como vida e morte dentro de nossa comunhão com Deus.

A meditação nos faz voltar para a comunhão divina no coração de cada relacionamento. Renúncia, portanto, significa uma intensificação e não uma diminuição, um dilatar e não uma dissolução do amor humano. Pelo poder do silêncio, a meditação nos faz voltar para a comunhão desprendida no coração de nosso preocupado "relacionamento" com Deus. Nesta volta, abandonamos o ego na renúncia do desprendimento. Conhecemos então a verdadeira natureza da liberdade. Aprendemos (ao mesmo tempo como nossa vida muda e como aprendemos a amar) a abandonar nossos relacionamentos mesmo quando eles se iniciam. Esta é a sabedoria prática que acompanha a graça de viver no momento presente. Aprendemos até mesmo a abandonar nosso relacionamento com Deus, por não buscar tomar posse de Deus. Assim o fazemos enquanto aprendemos a abandonar as palavras, ideias e imagens pelas quais tentamos determinar e tomar posse do objeto da experiência. Aprendemos a dizer o mantra. A linguagem e a imaginação sempre têm um papel vitalizante nos relacionamentos, mas ambas são transcendidas na comunhão quando o autoconhecimento mútuo é aperfeiçoado no silêncio. Assim perdemos a vida para encontrá-la. Perdemos os relacionamentos para encontrar comunhão.

O abandono do relacionamento deve ser mútuo por causa da natureza da comunhão. Ambos têm que colocar a renúncia em prática para que a comunhão possa florescer. Isso normalmente significa que um dos dois deve ter a coragem de ser o primeiro para mostrar e guiar ao caminho da comunhão. É o que Jesus fez. Ele teve a coragem de renunciar a si mesmo antes de nós. Por nós. E assim Ele revela a comunhão. Nossa própria jornada é uma resposta criativa, uma resposta de participação. Renunciamo-nos a nós mesmos para imitá-lo, participar do seu amor e aperfeiçoar a comunhão que Ele revela. Este é o ensinamento ao final do Evangelho de São João:

> *Não rogo somente por eles, mas pelos que, por meio da sua palavra, crerão em mim: a fim de que todos sejam um. Como Tu, Pai, estás em mim e eu em ti, que eles estejam em nós, para que o mundo creia que Tu me enviaste. Eu lhes dei a glória que me deste para que sejam um, como nós somos um: eu neles e Tu em mim, para que sejam perfeitos na unidade e para que o mundo reconheça que me enviaste e os amaste como amaste a mim (Jo 17,21-23).*

CAPÍTULO XXX

A arte espiritual

A meditação é uma arte. Não é uma ciência ou uma tecnologia que possa ser medida, predita ou funcionar pelo computador. Não é um *hobby*, não é algo que fazemos somente como passatempo. Não é uma profissão, uma carreira ou algo para o qual devemos estar qualificados. É uma arte. E o extraordinário é que é uma arte universal.

Isto significa que o único requisito necessário para praticar a arte da meditação é a nossa humanidade, a posse de uma consciência normal e razoavelmente humana. Nenhum gênio especial ou habilidade é necessário, somente o requisito óbvio de que queremos meditar. Também precisamos de uma disposição bem realista: querer meditar seriamente o bastante para perseverar nesta arte. Nos grupos de meditação semanais espalhados pelo mundo, as pessoas são introduzidas à tradição da meditação. No ensinamento de nosso Priorado Beneditino de Montreal eles se encontram como parte de uma tradição monástica, mas é essencialmente universal para a tradição cristã da oração. Nenhum grupo particular ou linhagem da tradição cristã pode reclamar a meditação como sua. É importante, porém, aprender a meditar dentro de uma tradição espiritual. As tentativas modernas de desespiritualização da meditação e de reduzi-la a uma habilidade física ou técnica psicológica fracassaram em levar as pessoas para além dos primeiros estágios elementares. A eles falta o poder transcendente da arte.

O aspecto mais importante dos grupos semanais, depois de introduzi-los na prática da meditação, é que de fato meditam juntos. A prática é infinitamente mais importante do que qualquer outra coisa que possa ser dita sobre o assunto. Praticar dentro de uma tradição torna essa mesma tradição viva, vitalizando a palavra com o Espírito. Cada vez que chegamos para meditação, a profundidade do silêncio e a qualidade da quietude é o contexto real da aprendizagem, de ser formado por uma tradição muito antiga. A meditação é uma arte que temos que aprender absolutamente pela experiência. Um dos grandes mestres da meditação nos primeiros tempos do monaquismo cristão disse que "a experiência é a mestra". Após a meditação nos grupos semanais, as pessoas têm uma oportunidade para questões ou discussão se alguém desejar. Algumas vezes, as pessoas terão muitas ideias e questões para conversar. Mas provavelmente muitas vezes sentirão que o silêncio exprime algo que as palavras não poderiam dizer. A quietude os levou para mais adiante do lugar em que estavam anteriormente. A parte mais importante de qualquer encontro religioso ou espiritual, como também a parte mais importante da aprendizagem da meditação, é o tempo real reservado para a oração. Recentemente fui convidado a tomar parte de um dia de reflexão em um encontro inter-religioso. Os organizadores se excederam tanto que o diálogo não deixou tempo para uma meditação em conjunto, a única coisa que poderíamos ter compartilhado em grande profundidade. Parecia que, por causa desta cúpula burocrática, o que havia sido conquistado no diálogo não teria de fato uma importância duradoura. Em poucos dias, as águas da atividade cobririam novamente aquela pequena ilha de comunhão que havia sido compartilhada. Se tivéssemos tido tempo para meditar, a conquista do nosso diálogo teria sido preservada, não meramente no papel ou na gravação, mas em nosso espírito, as tábuas vivas do nosso coração.

Como qualquer arte, a meditação requer dedicação. Dedicação quer dizer prática. A maioria dos artistas frequentemente sofre da grande tentação que atordoa a todos de tempos em tempos. É a inclinação de fantasiar a sua criação, de sonhar acordado sobre a próxima obra, planejar sua próxima iniciativa com criatividade, mas procrastinar a prática até o final do longo sonho. Essa tendência de tornar-se um sonhador procrastinador é muito forte em todos nós. É tão forte em nós como o ego. Pode tornar-se tão forte que o sonho pode parecer real. Os sonhos normalmente parecem muito reais enquanto são sonhados. E então, com um pouco da ajuda da "sociedade dos sonhadores" que alimenta o devaneio de nosso mundo, podemos enganar a nós mesmos que estamos *fazendo*, quando na verdade estamos *somente pensando*.

Para as pessoas mais espirituais, e suponho que a maioria dos leitores deste livro poderia aceitar tal descrição, esta prática ilusória é um tipo de perigo especial. Se você está construindo uma casa, sonhando sobre como vai ficar linda e pospondo o trabalho real da criação, não demorará muito para que alguém chegue e se depare com o terreno vazio. Eles dirão: "Você fala tanto desta casa, mas não vejo nada aqui". Então será difícil manter a autoilusão de que você está de fato construindo uma casa. Despertar de um sonho como este não é agradável a princípio. Ao acordar, a maioria das pessoas não está no seu melhor momento, estão mal-humoradas e impacientes. Ao nos depararmos com o terreno vazio, nossa primeira reação pode muito bem ser de raiva. Você pode do mesmo jeito sonhar com a sua vida espiritual, construir uma casa interior imaginária, especular sobre autoconhecimento, fantasiar sobre como em breve se tornará seriamente comprometido. O devaneio espiritual pode se tornar muito mais prolongado do que outros tipos de devaneios, porque pode parecer para os outros, que olham de fora, que você está dedicando seriamente o seu tempo para a sua vida espiritual. A voz que eventualmente o desperta deste devaneio espiritual pode demorar muito tempo para ser ouvida.

Mas há tempos em que sabemos que não estamos devaneando sobre a nossa jornada espiritual. Estes são os tempos diários do mantra. Os sinais desta prática real em nossa vida externa serão graduais. Eles são mais sutis, mais discretos do que os sinais de crescimento físico ou intelectual, ficar em forma, construir uma casa ou aprender uma nova língua. Sabemos que estamos progredindo espiritualmente com mudanças profundas acontecendo em nós: uma libertação do medo, dos medos profundos dos quais sempre fugimos ou reprimimos, a remoção de uma ansiedade que parecia sem fim e sem causa, o fim de uma solidão, o encontro de uma nova capacidade para solitude, um novo zelo para a criatividade, um senso de satisfação nas coisas mais comuns da vida e, acima de tudo, um novo espírito de amor. Os sinais externos dessas mudanças se desdobrando profundamente dentro de nós somente se tornam conscientes gradual e sutilmente. Quando meditamos, tornamo-nos menos preocupados e, portanto, menos autocríticos. Assim, o paradoxo do crescimento na meditação é que nos tornamos menos conscientemente imediatistas e preocupados com o nosso progresso à medida que progredimos. Experienciamos o crescimento mais pelo contato com os outros do que pelo pensamento sobre nós mesmos. Chegamos a um maior conhecimento de nós mesmos mais através do conhecimento que outras pessoas têm de nós do que pela nossa própria introspecção. Começamos a ser ensináveis pela experiência. Quando pensamos sobre este tipo de nova consciência e nova maneira de relacionar as coisas, vemos que se trata de viver em um mundo novo: um universo muito diferente da cela autocrítica e obsessiva de onde começamos a jornada.

Tendo dito isso, há duas maneiras simples em que o progresso fica facilmente visível. Eles são dois caminhos nos quais sabemos que estamos realmente no caminho espiritual, que não estamos devaneando, que não estamos nos enganando. Juntos, estes dois caminhos constituem a fidelidade à disciplina da arte da meditação. Primeiramente, estamos dizendo o mantra com a maior fidelidade que podemos, do início ao fim de cada meditação. Nada pode ser mais simples do que isso, nada pode ser mais real. Em segundo lugar, estamos meditando todos os dias, duas vezes por dia, a cada manhã e a cada noite, da maneira mais regular que podemos. Estes são os dois sinais mais evidentes, constatados diariamente e sem dúvida de que não estamos devaneando e que estamos, de fato, nos despertando e nos tornando mais conscientes. Só é necessário sermos lembrados periodicamente da disciplina desta arte. Por isso, as pessoas encontram-se para meditar, para fortalecer uma disciplina absolutamente simples. A complexidade provém das ilusões. E não há limite para a complexidade, que resulta de abrir mão da simplicidade, que criamos procrastinando o nosso despertar.

O combustível para a jornada é o poder do silêncio. A princípio pode parecer que é o poder da vontade. Mas à medida que prosseguimos, e prosseguir é progredir, percebemos que o poder real é maior do que a nossa vontade. O silêncio é uma experiência que pode levar tempo para ser realmente conhecida. Não é somente a ausência de palavras. Quando paramos de falar, ainda estamos empregando – ou sendo usados por ela – a linguagem de nossa imaginação. Quando tivermos passado a fase das imagens, ainda enfrentamos a linguagem abstrata do pensamento, das ideias e dos conceitos. A experiência do silêncio repousa do outro lado de todos estes dialetos da linguagem da consciência. O mantra nos guia através das palavras, das imagens e dos pensamentos e de todos os complexos compostos que resultam da sua interação. O mantra nos leva a um espaço e tempo interiores, que a princípio parecem estar vazios. Mas é deste aparente nada, do silêncio, que a plenitude do ser acontece. Nossa completude acontece no encontro com o ser de Deus. E no silêncio do ser de Deus encontramos a única Palavra que é o *Logos*. Esta é a linguagem de Deus, uma palavra que expressa tudo de plenitude: a Palavra de Deus que está na humanidade de Cristo.

A caminho deste silêncio, mesmo quando lá chegamos, estamos sempre aprendendo a ouvir. Se a meditação é uma arte, é a arte de prestar atenção puramente ao mantra. A melhor maneira de descrever como dizer o mantra, então, é que nós o *escutamos*. Passamos por todos os níveis do ser, seguindo a rota do nosso coração no qual encontramos silêncio na Palavra de Deus. Isso é o mais exigente sobre a disciplina da meditação. Mas em comparação com o que encontramos e com o que nos é dado, mesmo durante a jornada, a disciplina é uma coisa de criança. Se aprendemos a ser como uma criança, a disciplina em si será muito agradável. Temos que aprender a dizer o mantra, mas isto significa abandonarmos nossas preocupações, medos, até mesmo nossa tristeza. Abandonar tudo isso não é escapismo, e sim redenção. Com uma generosidade de espírito que entrega tudo o que somos ao ato simples e amoroso de dizer o mantra, ensinamos o coração a cantar. A princípio, requer concentração e certo esforço. Mas depois, ao aprendermos a arte, a melhor maneira de vê-la não é como concentração, mas como atenção através da quietude. Podemos, porém, começar a aprender se começamos a praticar. Lembre-se, é uma arte universal. E seguindo esta disciplina como cristãos, como discípulos de Jesus, descobrimos a universalidade de Cristo. Descobrimos que esta universalidade está em nosso próprio coração.

Muitas vezes e de modos diversos falou Deus,
outrora, aos pais pelos profetas; agora, nestes dias
que são os últimos, falou-nos por meio do Filho, a

Meditando com a fé cristã ouvimos com todo o coração a palavra de poder que Deus nos falou em seu Filho. Quanto maior a profundidade da nossa escuta, mais expandimos para além de nosso mundo autossuficiente rumo ao universo do ser de Deus.

CAPÍTULO XXXI

A ignorância e
o não saber

Recentemente foi realizada uma pesquisa nos países europeus para mapear o conhecimento geral e o senso político da pessoa comum. Os resultados foram reveladores sobre as características especiais das diferentes nacionalidades. O nível de conhecimento era em geral muito baixo. Mas quando os ingleses não sabiam a resposta, fingiam não se preocupar. Os franceses recusavam-se a admitir que estivessem errados. Os irlandeses recusavam admitir sua ignorância, mudando de assunto ou reclamando que a questão tinha sido colocada de maneira errada.

Refletindo sobre isso, estou inclinado a pensar sobre a natureza do conhecimento e a maneira como idealizamos o conhecimento sem discriminá-lo da informação. Um dos traços característicos de nossa sociedade é a grande importância que damos ao conhecimento na sua forma não elaborada, fatos e imagens cruas. Estamos inundados deste tipo de conhecimento. Não importa quão trivial, buscamos o alimento instantâneo de dados que se tornaram prontamente disponíveis, mas que são também atordoantes. Nenhuma mente poderia absorver tudo isso, e a explosão de conhecimento como informação consequentemente teve uma grande influência no sentido que damos à educação. A educação agora é vista primeiramente como um caminho para conquistar o sucesso e adquirir habilidade de conhecimento. É um caminho para o poder e o sucesso, para a influência e o *status*, pois quem empunha o instrumento do conhecimento é um mestre e não um escravo. O quanto disso é uma verdade é um assunto à parte. Mas é o que a cultura da informação nos condiciona a acreditar.

Wittgenstein reclamou, há quarenta anos, que a educação moderna estava mais preocupada em trazer informação para as pessoas do que ensiná-las a como aprender ou pensar. Hoje a educação está menos preocupada com a informação em si do que com as senhas de acesso aos bancos de dados. A educação e a informação crua, incorretamente chamadas de conhecimento, tornaram-se *commodities*, algo que pode ser adquirido, comprado e vendido, como negócio.

Esse senso limitado de conhecimento sobre o mundo é uma característica marcante de nossa sociedade e é condicionante. Assim, não é meramente exterior a nós. Cada um de nós está, ao menos parcialmente, treinado ou condicionado a reagir ao conhecimento como se fosse meramente informação. Até mesmo o autoconhecimento ou o conhecimento pessoal de outras pessoas tem uma tendência a ser reduzido ao que pode ser reportado ou quantificado. Desde que o computador se tornou um instrumento da mente freudiana, tem sido quase impossível não pensar que sabemos mais sobre nós mesmos ou sobre os outros resgatando informações reprimidas ou esquecidas. O problema é que há um grau de verdade nesta descoberta. Ou, particularmente, o problema é que pensamos que isto seja *toda* a verdade. O conhecimento de fato *requer* informação e nela cresce nos primeiros estágios da consciência. Mas depois de certo ponto, precisamos aprender outro e simultâneo caminho de conhecimento, que esquece ou renuncia à informação. O caminho da sábia ignorância, o caminho do desconhecimento que nós chamamos de meditação.

Qualquer um que começa a meditar, hoje, o faz condicionado por estas influências. Somos tentados inconscientemente a pensar sobre "espiritualidade" como outro caminho de conhecimento, o programa de Deus para invadirmos e desvendarmos, reunir e acumular conhecimento como informação sobre a dimensão espiritual. A espiritualidade em si tornou-se uma *commodity*. Belas revistas anunciam novas marcas; convenções e conselhos geram burocracias. Recentemente ouvi falar de um centro de espiritualidade que usava o subtítulo "uma organização de aprendizagem holística" que oferece cursos tais como: "O Espírito da Guitarra Celta", "Tecelagem Indígena Americana", "Yoga para Atletas", "A Meditação e o Ikebana". Quando lemos a descrição do conteúdo dos cursos, eles são apresentados de maneira tão atraente que queremos fazer o curso para aprendermos sobre estas coisas, se quisermos ser completos e plenos. Especialmente – e esta é a dica – se queremos ser mais completos e mais plenos que o nosso próximo. Porém, o entusiasmo e a erudição de muitas espiritualidades da "Nova Era" não deveriam ser ofuscados pela sua passagem pelo gnosticismo ou comercialismo. As principais tradições religiosas deveriam também ser estimuladas pela intensidade da fome espiritual de tantas pessoas em situações neutras. O perigo e a oportunidade são igualmente grandes.

Entre as várias e importantes crises na jornada da meditação, temos o problema de confrontar pessoalmente este condicionamento cultural e de compreender como esta situação externa tem sido interiorizada. É um tipo de condicionamento que nos faz pensar, inconscientemente talvez, sobre a meditação com um "curso", como alguma coisa que fazemos para obter mais informação, mais experiência. Se é muito exigente, podemos simplesmente desistir e transferir nossas energias para um novo entusiasmo. Quando fica difícil, pode parecer que sabemos tudo sobre o assunto "ao menos para mim" e que não há mais nada a aprender aqui. Talvez possamos ter chegado ao ponto em que temos tudo para aprender, no qual o conhecimento passa da informação para o desconhecimento. Confrontar um condicionamento materialista e brutalmente egocêntrico na vida espiritual não será divertido. Será doloroso e exigente e poderá até mesmo fazer com que fiquemos temerosos. E talvez o medo mais profundo seja entrar em um estado de ignorância. O conhecimento, ou o que pensamos ser o conhecimento, está tão alto em nosso sistema de valores que o desconhecimento é uma ignorância que parece uma irrealidade terrificante. O conhecimento que tanto valorizamos e que tanto desejamos adquirir, possuir e controlar, é demonstrável, mensurável e registrável – fatos que podemos ver. Por contraste, o conhecimento espiritual da meditação parece uma ignorância absoluta, sem valor, pura bobagem. É experienciada pelo desconhecimento da informação demonstrável e mensurável à medida que renunciamos tudo o que pode ser visto, medido e registrado. É um lugar em que apreciamos não os fatos, mas a fé, uma realidade invisível, o "conhecimento das coisas que não se veem".

Tememos a ignorância por causa do abandono e porque associamos a ignorância à vergonha, à vulnerabilidade, como um perigo para nós e para a nossa identidade. O conhecimento nos deixa seguros. O desconhecimento é um risco. A meditação requer a simplicidade de uma criança e a coragem de um adulto porque nos leva ao lugar do não conhecimento, ao ponto da pobreza de espírito. Quando pudermos realmente compreender que a ignorância em que estamos adentrando na meditação é a pobreza de espírito, então teremos passado pela parte mais perigosa da jornada. Este é o trecho do qual poderíamos voltar atrás. Mas uma vez que tivermos passado por ele, quando sabemos o bastante para não voltarmos, onde temos fé o bastante para não retornarmos, então começaremos a extrair os tesouros da jazida da pobreza. A princípio podemos dizer: "Já conquistei mais do que isso. Acho que mereço algo mais do que pobreza e desconhecimento". Precisamos permanecer aqui, aparentemente nada aprendendo, nada fazendo. Pelos padrões de nosso condicionamento social, estamos somente perdendo tempo. Mas aqui, neste local de pobreza, adquirimos fé e disciplina. Somos fortalecidos pela disciplina. Chegará o momento em que a pobreza começará a se revelar a nós como uma fonte de insondáveis riquezas, mas somente quando estivermos fortalecidos pela fé e quando tivermos disciplina o bastante para participarmos de sua revelação. Encontraremos então um poder infinitamente delicado e esquivo se tentarmos conhecer, possuir ou registrá-lo. Encontraremos nosso próprio espírito que é nosso próprio autoconhecimento. O autoconhecimento é. É o conhecimento que não pode ser conhecido ou usado por qualquer conhecedor. Ele se afasta novamente tão logo tentamos conhecê-lo. Tão logo tentamos capturá-lo, escorregamos para a inquietação. Este espírito é livre e não pode ser capturado.

Mesmo assim, temos que continuar a jornada. Temos que aprender continuamente a desaprender o autoconhecimento que adquirimos. Ser pobre é ser fiel e perseverante na prática da renúncia do eu nas profundezas de nosso coração. Continuamos a dizer o mantra. Então, em uma sempre nova pobreza, reencontramos nosso espírito, mas agora no Espírito de Cristo. Conhecemos a nós mesmos, agora, em Cristo e na parte de seu autoconhecimento, em seu Espírito. Isto é só o começo. É o começo real da jornada cristã escondida em cada ato de fé, e é a essência da meditação como cristã, pois entramos na união com o Espírito de Cristo. O conhecimento que agora é nosso é bem diferente e muito superior do que o conhecimento que pensávamos ser tão valioso. E o sabemos, acima de tudo, de uma maneira diferente. Sabemos, agora, porque somos conhecidos e permitimo-nos ser conhecidos pelo Espírito de Cristo. Conhecemos, como Ele conhece, que seu espírito é o Espírito do Pai e do Filho, o autoconhecimento de Deus. Na lucidez deste conhecimento, o conhecimento da consciência unificada, as regras comuns do conhecimento devem obediência a uma lógica muito superior: o *Logos*. A arrogância do conhecimento comum e egocêntrico torna-se dolorosamente evidente. Agora adentramos na dimensão do mistério na experiência do paradoxo e compreendemos os tradicionais oximoros: escuridão luminosa, fértil esterilidade, sábia ignorância, rica pobreza. O que existe de mais importante para saber é que estamos na jornada, que somos fiéis, que estamos em Cristo, que se descreveu como "o Caminho". Ele descrevia sua vida como voltar para a casa do Pai, e a meditação se torna simplesmente a partilha desta jornada com Cristo. Aprendendo a desconhecer, o sentido da Sagrada Escritura fica mais forte:

> *Crede-me: eu estou no Pai e o Pai em mim. Crede-o ao menos por causa destas obras. Em verdade, em verdade vos digo: quem crê em mim fará as obras que faço e fará até maiores do que elas, porque vou para o Pai... Se me amais, observareis meus mandamentos, e rogarei ao Pai e Ele vos enviará outro Paráclito, para que convosco permaneça para sempre, o Espírito da Verdade, que o mundo não pode acolher, porque não o vê e nem o conhece. Vós o conheceis porque permanece convosco. Não vos deixarei órfãos. Eu virei a vós... Quem tem meus mandamentos e os observa é quem me ama; e quem me ama será amado por meu Pai. Eu o amarei e me manifestarei a Ele (Jo 14,11-12.15-19.21).*

CAPÍTULO XXXII

A esperança

Ao começar a meditar pela primeira vez, a maioria das pessoas espera que a meditação vá resolver todos os seus problemas. Como a experiência nos ensina o que a meditação realmente está fazendo, compreendemos que o trabalho diário do mantra faz algo mais e maior do que resolver nossos problemas. Isto é difícil de contornar com a nossa mente, porque pede de nós uma nova maneira de pensar. Somente queremos resolver nossos problemas; não queremos ser incomodados com detalhes. Mas a generosidade de Deus é maior do que as nossas necessidades. A redenção dá mais do que o pecado tomou. Deus nos dá mais do que podemos pedir. Ao recebermos mais do que merecemos ou mesmo desejamos, porém, somos desafiados a transcender nossa noção de direitos e necessidades. Somos intimados a uma plenitude que não deixa nada de nós mesmos de fora. Seja o que for que estiver reprimido deve ser liberado. O que estiver escondido deve ser colocado às claras. Todo detalhe tem seu sentido e somos chamados a uma receptividade ativa, não passiva. A meditação está de fato reestruturando a nossa vida. É assim que São Paulo na sua Primeira Carta aos Tessalonicenses descreve em palavras que estão entre as primeiras registradas por um cristão:

Damos graças a Deus por todos vós, sempre que fazemos menção de vós em nossas orações. É que recordamos sem cessar, aos olhos de Deus, nosso Pai, a atividade de vossa fé, o esforço da vossa caridade e a perseverança da vossa esperança em nosso Senhor Jesus Cristo (1Ts 1,2-3).

A reestruturação da nossa vida rumo a uma nova plenitude torna-se possível pelas três grandes virtudes da Fé, Esperança e Amor. Aquelas primeiras palavras do ensinamento cristão chegaram até nós hoje, e em cada geração, para mostrar a estrutura essencial da vida cristã. Gostaria de refletir sobre uma daquelas virtudes à luz da experiência da meditação diária. As três formam uma realidade indivisível que podemos separar só analiticamente. Não podemos separá-las existencialmente. Na vida cristã nós a vivemos todas ou nenhuma. Vivemos uma com o poder das outras. Mas em alguns aspectos a esperança é a mais interior e, num certo sentido, a mais pessoal das virtudes. São Paulo nos diz que a fé revela-se nas obras, o amor no trabalho e a esperança mostra-se na fortaleza.

A esperança é a disposição interior que vemos somente na sua influência na perseverança. De forma análoga, o Espírito Santo, que é tradicionalmente associado com a esperança, é a Pessoa da Trindade que nunca vemos. O Pai é a imagem do Filho e o Filho envia o seu Espírito. Mas o Espírito não tem imagem. Embora seja o mais interior e, portanto, o mais invisível, e o menos representado com sinais externos definíveis, a esperança não é menor do que as outras virtudes que podem ser compartilhadas. Quando temos esperança numa outra pessoa, isto nos dá esperança. Por alguma razão mais profunda que a razão, encontrar a esperança em outros nos dá força para sermos fortes, para perseverarmos. Em nosso tempo, talvez o maior e o mais urgentemente necessário dom que o cristão pode dar ao mundo é o dom da esperança. Uma sociedade começa a desmantelar-se, assim como a psique começa a perder o poder harmonioso que mantém tudo junto, quando a esperança se enfraquece. Mas a esperança é um dom que somente pode ser dado pela experiência, não pela teoria. Dar esperança é mais do que ser camarada espiritual e tentar encorajar a falta de entusiasmo. Não é por falar sobre esperança, mas por ser esperançoso que nós a transmitimos.

John Main gostava de distinguir entre esperança e "esperanças". Podemos ter muitas esperanças para o futuro, mas muitas dessas esperanças-desejo devem ser abandonadas se quisermos experienciar a esperança pura – a essencial virtude cristã da esperança. A esperança é mais do que otimismo, que é uma virtude saudável, mas não é contagiosa. Quando vemos otimismo, muitas vezes tendemos a ficar pessimistas. A esperança é muito mais do que o olhar temperamental do lado bom das coisas. Podemos ser esperançosos quando – talvez somente quando – todas as outras esperanças forem desapontadas. A esperança pode brilhar do meio de um desastre total. Podemos e devemos ser esperançosos no momento da morte. A esperança não é o desejo por alguma coisa. Não é devaneio sobre alguma coisa. É o reverso da fantasia. A esperança é uma direção ou postura fundamental da consciência. É a volta do eu para fora de si, do autorreflexo para a realidade contextual na qual se encontra. Ser esperançoso é descobrir que somos parte integral de algo maior que nós mesmos e que estamos vivendo com a energia daquela realidade completa. A esperança é a volta do eu para fora de si, não importando a dificuldade de assim permanecer. O desespero é a rendição da consciência às forças da introversão que, depois de certo ponto, humanamente falando, ficam irreversíveis e levam à autodestruição simbólica ou real. Portanto, é importante manter constante vigilância com relação à força que leva à perda da esperança. A oração regular a refreia continuamente. Da mesma forma, precisamos ter cuidado com os outros que estão em perigo de perder a esperança, para "pegá-los" antes que cheguem à margem. A esperança é uma virtude absoluta, constante e incondicional. Você não pode ser esperançoso somente quando as coisas estão bem. Você precisa ser esperançoso e, em certo sentido, escolher ser esperançoso, independente de como as coisas estejam, não importa a tendência de voltar para a autoconsciência, à clausura segura do ego.

A esperança é uma das virtudes que resultam da oração profunda. É na oração profunda que voltamos do eu para Deus, o Deus que é "outro" além de nós mesmos, mas a quem devemos uma semelhança mais impressionante do que a nossa própria família e a qualquer ser humano. A esperança é a aspiração de estarmos totalmente em casa. É a mais forte aspiração de nosso ser. A palavra "virtude" significa "força". A virtude da esperança é a força do espírito. Mas ser virtuoso significa ser forte no Espírito, aceitar o dom da força do Espírito. A força vem da percepção de nossa semelhança com Deus; a força que nos ajuda a perseverar, crescer, ser fiel, amoroso e esperançoso. Crescemos na força em áreas que não reconhecemos de uma vez. Muitas vezes nos fixamos em consciência nas áreas familiares de fraquezas como impaciência, intolerância, desejo, vaidade e assim por diante. É parte da falta de esperança de nossa época que nos fixemos tanto nessas fraquezas humanas. Somos muito cientes da falta de saúde da psique, da mente ou do espírito, mas tantas vezes inconscientes da força que nos é continuamente dada e a toda a raça humana pela humanidade comum, agora ligada a Deus em Jesus. Podemos então ficar cegos para as áreas que estão de fato nos fortalecendo.

A esperança é uma virtude silenciosa. Não aparece tanto na ação ou no trabalho, como diz São Paulo, mas em fortaleza ou, como outra tradução a coloca, em "paciência". A esperança tem um sinal, não teimosia ou inflexibilidade, mas paciência gentil. Podemos estar inconscientes do crescimento na esperança precisamente porque ela se manifesta por sua própria natureza e ao longo do tempo. Pode perceber depois de uma semana que está mais amoroso, mas uma semana é um tempo curto para provar que está mais esperançoso. Reconhecer o crescimento na esperança é necessário à dimensão do tempo. As outras virtudes estão mais associadas com a dimensão do espaço – o que podemos ver, o que podemos tocar. Mas quando vemos o desenvolvimento da esperança, quando tivermos tempo e experiência para olhar para trás com as lentes do momento presente, nos alegraremos com uma visão mais ampla e profunda da transformação que a meditação opera em nossa vida. A esperança, que nos ajuda a perseverar, nos leva à visão.

Podemos olhar e ver de onde esta esperança veio. Por que estamos mais esperançosos? Por que perseveramos na meditação quando abrimos mão de tantas outras coisas? A palavra latina para esperança, *spero*, sugere a palavra *spiro*, que significa *eu respiro*. Ambas sugerem a palavra *spiritus*, espírito. A esperança é uma virtude soprada em nós pelo Espírito. Quando detectamos sua presença em nossa vida (detectar é parte do nosso crescimento em autoconhecimento) temos uma oportunidade de aceitar a revelação. É a revelação do mistério do Deus cristão, pois é oferecida a nós a oportunidade de reconhecer o caráter trinitário da oração cristã e da vida cristã. O Espírito Santo está operante na vida pelas experiências mais elusivas e mais difíceis de definir. São experiências que transpõem o limite da vida, e a qualidade destes toques do Espírito é muito impregnante. Considere a experiência do amor, por exemplo.

O amor requer certo grau de esperança para nascer. Uma pessoa desesperada não consegue ver ou reagir à oportunidade para amar. Mas o amor também estimula magnificamente o florescimento da esperança e o expande por toda a consciência durante seus momentos mais intensos. Ser esperançoso é estar consciente do Espírito Santo em sua vida. Ser esperançoso é estar inspirado, que significa ter uma contínua "in-spiração" do Espírito acontecendo em nossas vidas. Este é o prolongamento daquele momento específico em que Jesus soprou sobre os seus discípulos quando apareceu a eles depois da ressurreição. É este sopro de Jesus e do Espírito Santo em nós que é o dom. A esperança, portanto, implica gratidão. O dom pelo qual somos eternamente agradecidos é o dom da oração que nunca cessa. O contínuo dizer do mantra nos leva a esta oração, que é como o fluir contínuo de pura energia em um sistema que perdeu seu equilíbrio ecológico. Recuperamos a pureza do ser, relembramos nossa bondade anterior pelo derramar deste puro amor de Deus em nossos corações, o Espírito Santo que Jesus envia.

Se alguma vez visitou as Cataratas do Niágara você se lembrará do tremendo poder das águas em sua queda. Se alguma vez vislumbrou o lugar anterior a sua queda, pode ter percebido o quão extraordinariamente tranquila é a água neste ponto, quase como um vidro. A quietude da nossa meditação é bem como aquele ponto em que o infinito poder de Deus cai em nós, inunda nosso mais profundo coração, fortificando e transformando as nossas vidas.

Este é o poder da nova era do Espírito que o Novo Testamento proclama:

> *Vós não estais na carne, mas no Espírito, se é verdade que o Espírito de Deus habita em vós... E se o Espírito daquele que ressuscitou Jesus dentre os mortos habita em vós, aquele que ressuscitou Jesus dentre os mortos dará vida também aos vossos corpos mortais, mediante o seu Espírito que habita em vós... Todos os que são conduzidos pelo Espírito de Deus são filhos de Deus. Com efeito, não recebestes um espírito de escravos para recair no temor, mas recebestes um espírito de filhos adotivos, pelo qual clamamos: Abbá! Pai! O próprio Espírito se une ao nosso espírito para testemunhar que somos filhos de Deus"* (Rm 8,9.11.14-16).

CAPÍTULO XXXIII

A necessidade
de solitude

Penso que os meditantes tiveram ao menos uma vez a experiência de sentar-se, começar a meditar e então sentir uma necessidade quase incontrolável de levantar-se de uma vez, ligar a TV, tomar algo, escrever uma carta, sair para caminhar, dar um telefonema, ler o jornal, dar um cochilo, fazer qualquer coisa, exceto meditar. O que esta experiência sugere é que, quando entramos em contato com nosso verdadeiro eu, também encontramos a inquietante experiência da solitude. E como a solitude é uma qualidade existêncial não muito familiar para nós, quando a encontramos no caminho da meditação, pode nos deixar inquietos e até mesmo nos causar pânico. Muitas pessoas alegam sentir falta da oportunidade de solitude. Algumas delas fazem ou aproveitam a oportunidade quando ela aparece. Destas, muito poucas estão preparadas para a surpresa da desilusão de uma vida sem distrações, por serem elas mesmas com elas mesmas. Talvez as pessoas feitas para solitude física e total sejam mais raras do que aquelas feitas para castidade física e total. Mas um grau de solitude, como um grau de castidade, é uma necessidade espiritual para que qualquer um seja pleno.

A solitude nos atrai porque parece ser um caminho que estamos procurando: simples, plena de sentido, é despretensiosa, não é a experiência de outra pessoa, é direta. É um caminho ao centro que buscamos encontrar, ao verdadeiro eu e à fonte de todo valor e sentido pessoal. Mas nos desafia porque não é o escape que pensamos que seria, afastarmo-nos de tudo. A esta altura provavelmente já tentamos muitos caminhos para nos afastarmos de tudo e percebermos sua falsidade. De tempos em tempos somos tentados a repeti-lo para, novamente, deixar a solitude da meditação e tentar nos afastarmos de tudo.

Sim, é muito diferente, a experiência da solitude, da solidão. Na solidão de fato, nos afastamos de tudo; e aqui está o problema. Afastamo-nos de tudo e de todos. Recolhemo-nos em alienação completa, até de nós mesmos, do nosso verdadeiro eu, do centro e do espírito de nossa humanidade, afastamo-nos da vida. A experiência da solitude, para a qual a meditação nos leva se tivermos a coragem da simplicidade, não é uma fuga. É um encontro. O grande mistério que se abre para nós, quanto mais silenciosos estamos e adentramos este novo mundo do ser, o maravilhoso é que este encontro acontece em um nível do ser onde pensávamos não haver ninguém para encontrar. Um nível que evitamos, porque não queríamos encontrar a nós mesmos e percebermos o medo de estar absolutamente sozinhos, pois é exatamente lá que encontramos tudo que estamos buscando. E então fizemos tudo para nos distrairmos de nós mesmos porque estávamos amedrontados de descobrir a eterna e fria solidão do eu! Mas a meditação revela este medo como absoluta bobagem, pois neste nível de nosso ser, em que pensávamos não haver ninguém para encontrar, encontramos Cristo.

Se a meditação traça o caminho para a plenitude da vida, se é um caminho que faz de toda a vida uma jornada rumo à humanidade plena, e se a meditação é esta essencial experiência de solitude, então a solitude deve ser um elemento de realização humana. É importante compreender por que isto é assim se queremos nos tornar mais conscientes de nosso relacionamento com Cristo, se queremos compreender a dinâmica cristocêntrica do caminho da meditação.

A plenitude de nossa humanidade reside no modo como compreendemos nossos relacionamentos. A maneira que realizamos todos os relacionamentos de que somos capazes e que a vida foi feita para descobrir, representa a rede singular de relacionamentos que forma o padrão de identidade e destino de nosso verdadeiro eu. Isto é tão crucial que não deveríamos perder tempo. Deveríamos fazer tudo o que podemos, como nossa primeira prioridade, para transcender o egoísmo, a intolerância ou o medo que destrói os relacionamentos. A meditação mostra sua conexão com a realidade não por qualquer fenômeno superficial, nem por qualquer experiência trivial que possa acontecer na meditação em si; por isso é tão importante desprender-se de tudo o que acontece durante a prática. A meditação mostra sua efetividade no modo como nos relacionamos. Ela leva a uma consciência mais profunda e mais aguda de nossa verdadeira natureza. A verdade da natureza humana não é, como tememos que seja, como uma partícula isolada de poeira cósmica, uma mônada solitária, mas que somos seres em comunhão. No mais profundo centro de nosso ser, no qual ainda não chegamos, em que ainda não nos tornamos conscientes, estamos em relacionamento, em amor. A comunhão é a potência essencial que apreciamos e é o que vivemos na esperança de realizar. Quanto mais próximo chegamos desse dom essencial do ser humano, o potencial para a comunhão, mais plenas a nossa esperança e a nossa alegria.

Ao nos aproximarmos dela, a experiência de solitude deve ser acolhida, pois a solitude é o encontro com a aceitação decisiva de nossa própria individualidade. É o oposto total da solidão. A solidão é a fuga ou a supressão de nossa individualidade. A meditação leva à solitude e assim nos fortalece para um relacionamento mais profundo e mais verdadeiro, pois o relacionamento fundamental é a aceitação de nosso eu. Quanto mais estamos em contato com a singularidade e individualidade de nosso eu, mais poderemos nos relacionar com a pessoa real nos outros em profundidade e reverência. O extraordinário paradoxo cristão aparece aqui, quando precisamos das outras pessoas para nos ajudar a prosseguir a jornada em solitude. Precisamos do seu amor humano, da sua compaixão, sua compreensão e intimidade. Este é um aspecto negligenciado de por que o Evangelho nos dizer que sem o amor humano qualquer coisa que chamamos de amor de Deus é uma farsa e fingimento. O desafio, então, que a solitude nos apresenta é uma feliz dificuldade porque ela cria comunhão.

Mas há também dor envolvida, porque quando entramos na solitude nossos relacionamentos mudam. Em qualquer ponto que começamos a jornada da meditação, temos uma rede de relacionamentos. O recluso mais extremo não pode de todo escapar dos relacionamentos. No instante em que a jornada rumo à solitude se inicia, ela influencia os relacionamentos que temos naquele momento. A experiência da meditação começa a aprofundar e mudar estes relacionamentos, tanto quanto nos preparando para os novos, talvez relacionamentos mais amplos e inesperados. Uma grande mudança é iniciada silenciosamente no padrão dos relacionamentos que temos e na maneira como nos abrimos para os novos, pois somos gentilmente solicitados a abrir mão das dependências. As dependências de nossa vida emocional são relacionamentos com pessoas e coisas que aparecem para nos consolar em nossa solidão, mas de fato eles a reforçam.

No início, a maioria dos relacionamentos acontece no nível do egoísmo que começa a se desenvolver na infância. Os primeiros relacionamentos lá formados criam um padrão para toda a vida. Eles nos marcam. Eles nos programam.

Enquanto estivermos neste nível, continuaremos a nos relacionar com os meios oferecidos pelo nível do egoísmo, e percebemos que repetimos os mesmos padrões. Sentimo-nos como uma agulha emperrada. Há situações novas, pessoas novas, mas o mesmo padrão, de novo e de novo. Todos os relacionamentos ainda estão se formando pela energia do egoísmo e assim eles são atemorizantes. Como o medo se expressa na raiva, frequentemente se tornam agressivos. A dependência sempre cria o medo, seja o medo da perda, o medo de ser possuído, o medo de ter que tomar posse dos outros, o medo da responsabilidade. O medo do ego se intensifica quando percebe que é inadequado para as responsabilidades do verdadeiro eu.

A meditação muda nossos relacionamentos porque nos muda, por conduzir-nos para fora do nível do egoísmo; fora de sua atmosfera muito estreita. Começamos a respirar o ar mais puro do verdadeiro eu, enxergar mais longe e mais claramente para o eu das outras pessoas. A meditação conduz ao nível do espírito, o verdadeiro eu; e os relacionamentos que são formados com a energia deste nível do ser são relacionamentos de amor. Crescem com cada vez menos medo, menos dependência, com mais poder para libertar e realizar. Tudo depende desta transição do nível do egoísmo para o nível do espírito e, para isso, tudo depende da coragem com a qual nos desprenderemos e encontraremos o verdadeiro eu.

Como discípulos cristãos, somos afortunados de sermos capazes de encontrar conscientemente uma pessoa que transcendeu o ego e, perseverando neste encontro, adentramos um relacionamento formado pela energia pura do seu espírito. Este relacionamento com o mais pleno, mais centrado no espírito do que nós somos, é um relacionamento com um mestre. Em Cristo encontramos o mestre supremo, e somos, cada um de nós, afortunados porque temos o convite para encontrá-lo como pessoa humana viva que não tem mais nenhum ego. Encontrar tal pessoa é ser conduzido diretamente ao coração, um coração sem egoísmo, uma sala sem paredes repleta da luz do amor. Esta é a jornada que empreendemos quando meditamos e entramos em relacionamento com Cristo.

A primeira grande descoberta dos primeiros cristãos espera por nós cada dia.

> *Sendo assim, irmãos, temos a plena garantia para entrar no santuário, pelo sangue de Jesus. Nele temos um caminho novo e vivo, que Ele mesmo inaugurou através do véu, quer dizer, através da humanidade. Temos um sacerdote eminente, constituído sobre a casa de Deus. Aproximemo-nos então, de coração reto e cheio de fé, tendo o coração purificado de toda má consciência e do corpo lavado com água pura (Hb 10,19-22).*

Conecte-se conosco:

f   facebook.com/editoravozes

⊙   @editoravozes

🐦   @editora_vozes

▶   youtube.com/editoravozes

🟢   +55 24 99267-9864

www.vozes.com.br

Conheça nossas lojas:

www.livrariavozes.com.br

Belo Horizonte – Brasília – Campinas – Cuiabá – Curitiba
Fortaleza – Juiz de Fora – Petrópolis – Recife – São Paulo

EDITORA VOZES   VOZES NOBILIS   *Vozes de Bolso*   Vozes Acadêmica

EDITORA VOZES LTDA.
Rua Frei Luís, 100 – Centro – Cep 25689-900 – Petrópolis, RJ
Tel.: (24) 2233-9000 – E-mail: vendas@vozes.com.br